Leo Vogt · **Bretten 1504** · Die Schwarzerdt-Chronik

Titel unter Verwendung des Wappens der Pfalzgrafen bei Rhein,
aus: Hans Leckúchner, Kunst des Messerfechtens, um 1478,
Universitätsbibliothek Heidelberg, Cod. Pal. germ. 430, fol. 1v.

Wappen S. 1 aus: Ortenburger Wappenbuch, 1466–1473,
Bayerische Staatsbibliothek, Cod.icon 308u.

Fotos: alle Thomas Rebel, außer:
S. 14 oben, Generallandesarchiv Karlsruhe, Sig. 65 Nr. 131;
S. 14 unten, Max Brunner;
S. 26, Gert Boegner; S. 10, Archiv Verlag;
Karte S. 96: cartomedia

© 2024 · Lindemanns GmbH
Alle Rechte vorbehalten.
Nachdruck ohne Genehmigung
des Verlages nicht gestattet.
ISBN 978-3-96308-217-7

Leo Vogt

Bretten 1504

Die Schwarzerdt-Chronik

mit Fotografien
von Thomas Rebel

Lindemanns

Zu Begriffen, die im Text ***fett-kursiv*** gestellt sind, finden sich im A–Z ab S. 115 kurze Erläuterungen.

Lotte Vogt sah sich 1959 den „Peter-und-Paul-Festzug" aus dem Erkerfenster des „Café Gauß" am Brettener Marktplatz an: Trommler und Pfeifer leiteten ihre Wehen ein und Leo erblickte am Tag nach dem Fest das Licht der Welt. Aufgewachsen im 1504 noch kurpfälzischen Knittlingen, wohnt er seit 1985 in Bretten. Deshalb war es auch nicht verwunderlich, dass er, kaum mit seiner Familie dort angekommen, in den mittelalterlichen Strudel des Festes hineingezogen wurde. Er war bei der Gründung des MAK (Mittelalterlicher Arbeitskreis) dabei, war viele Jahre dessen Sprecher. *Leo Vogt* gründete die Gruppe „Französisch Tüchlein", bevor er mit der „Garküche" im Garten hinter dem Amtshaus seine wahre Berufung fand. Während seiner Zeit im MAK gab es oft heftige Diskussionen über die „richtige" mittelalterliche Darstellung. Jeder interpretierte die Schwarzerdt-Chronik, das „Reissbuch" und die Quellen der Stadtgeschichte auf individuelle Art und Weise. Deshalb entschloss sich der Autor im Jahr 2000, den von Georg Schwarzerdt im Frühneuhochdeutschen verfassten Text in verständliches Deutsch zu übertragen und als Buch zu veröffentlichen.

INHALT

Grußwort

„Eine Stadt lebt ihre Geschichte“ lautet das Motto unseres Peter-und-Paul-Festes, das Jahr für Jahr die in der Schwarzerdt-Chronik detailliert beschriebene Belagerung und Befreiung der Stadt Bretten im Jahr 1504 thematisiert und feiert. Damit eine Stadt und ihre Bürgerinnen und Bürger ihre Geschichte auf eine solch identitätsstiftende Weise leben und zelebrieren können, gilt es zunächst, diese erlebbar zu machen. Dazu leistet dieses Buch einen wertvollen Beitrag. Es übersetzt die Chronik des Georg Schwarzerdt, das wohl wichtigste Dokument der Stadtgeschichte, in die Sprache des 21. Jahrhunderts und macht es so für die breite Masse begreifbar. Was im Jahr 2000 mit der ersten Auflage begann, wird nun konsequent fortgeführt und mit neuen, farbigen Bildern noch ansprechender gestaltet. Für dieses Engagement gilt Leo Vogt und allen, die zum Entstehen dieses Werks beigetragen haben, mein ausdrücklicher Dank. „Bretten 1504 – Die Schwarzerdt-Chronik“ ist aus meiner Sicht für alle, die sich für die Historie ihrer Stadt und das Peter-und-Paul-Fest interessieren und begeistern, eine Pflichtlektüre. Viel Vergnügen beim Eintauchen in die Geschichte.

MARTIN WOLFF
Oberbürgermeister der Stadt Bretten

Anfang der belegerung Brettheim
In disem 1504. iar, nochdem
Vlrich zu Würtenberg etc. seinen
feindtsbrieff gohn Heidelberg geschickt,
rustet er sich also baldt zum krieg,
bracht die besten seiner landsessen, so zu
der wehr dauglich, und wasz er
ohngefer im landt gerathen mocht,
einer grossen summa freyer knecht
er besoldet, zu hauff, rustet
mit
solchen zu rosz und fusz,

VORWORT

Jeden Sommer, am Wochenende nach dem kirchlichen Peter-und-Pauls-Tag, fällt eine ***Stadt*** zurück ins ausgehende Mittelalter. Haare und Bärte wachsen, ganze Straßenzüge werden gesperrt, an jeder Ecke der Altstadt wird aufgebaut, geprobt und vorbereitet.

Außenstehende fragen sich, wo dieser Bazillus herkommt? Ein Bazillus, der durch das Prädikat „Immaterielles Kulturerbe“ ausgezeichnet wurde.

1561 schrieb Georg ***Schwarzerdt*** die Chronik der Belagerung seiner Stadt Bretten. Er berichtet aus dem Jahre 1504, als ausgelöst durch den ***Landshuter Erbfolgekrieg*** das kurpfälzische Bretten von den Württembergern angegriffen und belagert wurde. Soweit ist diese Chronik nichts Besonderes. Aber: 1504, selbst noch ein Kleinkind, stützt Schwarzerdt seinen Bericht auf noch lebende Augenzeugen und zeichnet dabei nicht nur die Geschichte einer Belagerung, sondern zeigt in allen Schattierungen die Zerrissenheit und die Spannungen in einer Stadt. Er berichtet von Streitereien, Unterstellungen und Irrglauben, von Angst, Tragik und Tod, von Schwüren, Geld und Heldentaten und letztlich doch ... von der gewonnenen Schlacht, dem Sieg am Verhandlungstisch und der daraus resultierenden Unzufriedenheit der Brettener Bürger.

Seither feiert die Stadt Bretten ihren Sieg, lebt Jahr um Jahr ihre Geschichte. Aus dem Oberbürgermeister wird der mittelalterliche ***Schultheiß***, aus dem Schlosser der kurpfälzische Rüstmeister, aus braven Bürger*innen werden ***Schäfer***, Bauern, Stadtwächter, Landsknechte, Marketenderinnen oder ***Handwerker***.

Doch das Peter-und-Paul-Fest besteht nicht nur aus Mittelalter. Bürgerwehren lassen die Zeit der Badischen Revolution aufleben, Fanfarenzüge messen sich musikalisch, Gäste aus ganz Europa bereichern das Fest und nicht zuletzt den sonntäglichen Festzug durch die Altstadt, der das alles unter einen gemeinsamen Hut bringt.

Was Georg Schwarzerdt 1561 im Frühneuhochdeutschen handschriftlich aufgeschrieben hat *(Auszüge aus dem Originaltext auf den Seiten 24, 44–45, 68–69)*, habe ich im Jahr 2000 in verständliches Deutsch übertragen und als Buch veröffentlicht, ohne dabei die Holprigkeit der mittelalterlichen Schrift vollständig zu glätten. Dieser Band liegt nun in einer komplett überarbeiteten Auflage vor.

Die Original-Chronik ist nummeriert. Die ersten fünf Kapitel beschäftigen sich im Großen und Ganzen mit dem Landshuter Erbfolgekrieg. Mit Kapitel 6 beginnt die Chronik der Belagerung Brettheims. Diese Nummerierung habe ich nachfolgend übernommen.

CHRONOLOGIE DER BELAGERUNG

17. Mai	Ulrich schreibt den Feindbrief.
18. Mai	Pfalzgraf Philipp erhält den Feindbrief.
9. Juni	Erkundung vor Bretten nach einem Platz für die Geschützstellung
11. Juni	Aufbruch der Württemberger vom Steger See, Errichtung der Schanze
12. Juni	Die Beschießung wird mit einem Trompetensignal angekündigt.
15. Juni	Ein Weingartener Landsknecht ersticht am Marktbrunnen einen aus Ortenberg.
21. Juni	Meuterei der Landsknechte
22. Juni	Die Verstärkung aus Sundgau, Elsass und Breisgau trifft mit 1.500 Mann ein.
26. Juni	Ruhetag
27. Juni	Aufruf zur Sammlung am nächsten Morgen auf dem Marktplatz
28. Juni	Ein Freitag. Um 07:00 Uhr wird der Plan zum Ausfall bekannt gemacht. Um 08:00 Uhr beginnt der Ausfall.
29. Juni	Der Beschuss wird fortgesetzt.
1. Juli	335 Schüsse, darunter auch Brandkugeln, fallen auf Bretten.
2. Juli	Herzog Ludwig schließt im Lager der Württemberger den Waffenstillstand.
3. Juli	Ludwig besichtigt die Schäden an der Stadt. Stadt und Amt huldigen ihm.
4. Juli	Der Friedensvertrag befriedet das gesamte Oberamt.

EX ELECTORALI BIBLIOTHECA SERENISS. VTRIUSQ. BAVARIAE DUCUM.

Erle-
sung der Belegerung
der Statt Bretten Im Jare
M·D·IIII· beschehenn, mitt anzeig des ursprungs selbigenn kriegs:
auch wie der fried wider gemacht wor-
den. Beschriebenn durch Georgenn
Schwartzerdenn Schultheis
zu Brettenn.

Anfang der belegerung
Brettheim

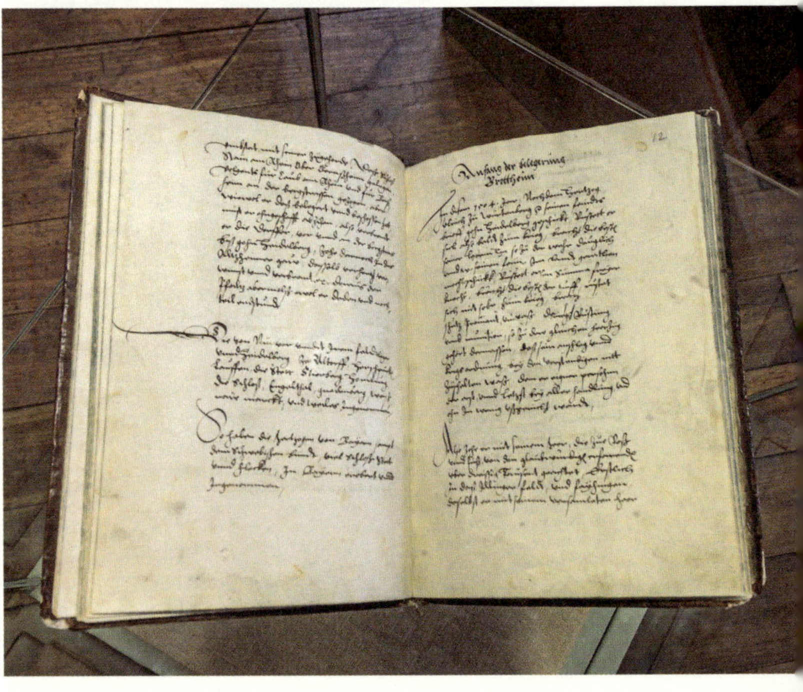

BESCHREIBUNG DER ORIGINAL-CHRONIK

von Dr. Alfons Schäfer

BELAGERUNG DER STADT BRETTEN 1504 VON GEORG SCHWARZERDT

1967, zur 1200-Jahr-Feier von Bretten, bearbeitete Dr. Alfons Schäfer (1930–1975), Historiker und ehemaliger Direktor des Generallandesarchivs Karlsruhe, zum damaligen Zeitpunkt bekannte Textdokumente zur Stadt Bretten („Urkunden, Rechtsquellen und Chroniken zur Geschichte der Stadt Bretten", Brettener stadtgeschichtliche Veröffentlichungen Bd. 1, 1967). Die Einleitung aus diesem Band mit Schäfers Beschreibung der Schwarzerdt-Chronik ist hier vorangestellt.

»Die vom Bruder Philipp Melanchthons verfasste und dem Pfalzgrafen gewidmete Schrift trägt auf schönem Ledereinband die Aufschrift „Bretten" und darunter das Brettener (pfälzische) Wappen. Auf dem inneren Deckel ist ein Kupferstichblatt des 17/18.

Eine Originalabschrift der Schwarzerdt-Chronik aus dem Generallandesarchiv Karlsruhe war 2019 im Museum im Schweizer Hof Bretten ausgestellt.

Jahrhunderts aufgeklebt mit dem pfälzisch-bayerischen Wappen und der Legende: „Ex electorali bibliotheca serenissorum utriusque Bavariae ducum." Die Chronik wurde demnach in der pfälzischen Bibliothek aufbewahrt.

Die Handschrift wurde um 1850 vom damaligen Direktor des Badischen Generallandesarchivs, F. J. Mone, auf einer Versteigerung in Halle für das Karlsruher Archiv erworben. Eine weitere, etwas spätere Abschrift befindet sich auf Schloss Pommersfelden bei Bamberg in der Gräflich Schönborn'schen Schlossbibliothek. Ein weiteres Fragment einer Abschrift aus der zweiten Hälfte des 16. Jahrhunderts wird im Generallandesarchiv Karlsruhe (Signatur 65/1292) verwahrt. Nikolaus Müller, der 1908 eine ausführliche Biographie Georg Schwarzerdts veröffentlicht hat, hielt diese letztere für die älteste Fassung. Es handelt sich dabei aber zweifellos ebenfalls um eine gegen Ende des 16. Jahrhunderts gefertigte Abschrift. Mone hat sie nach dem Widmungsexemplar 1854 im 2. Band seiner Quellensammlung der badischen Landesgeschichte erstmals veröffentlicht.

Genau 50 Jahre später hat der damalige Brettener Bürgermeister Friedrich Withum die Handschrift unter dem Titel „Die Belagerung von Bretten im Juni 1504" in einem besonderen Druck erneut veröffentlicht, wobei er die Sprache des 16. Jahrhunderts ins Neuhochdeutsche übertrug.

Da Mones Druck von 1854 längst vergriffen ist und Withum 1904 in seiner ebenfalls vergriffenen Schrift nicht den originalen Wortlaut zugrunde gelegt hat, empfiehlt es sich, dieses bedeutende Dokument Brettener Historiographie, das dazu noch aus der Feder des ebenfalls hochbegabten Bruders Philipp Melanchthons stammt, hier erneut im Originaltext vorzulegen.«

QUELLEN / LITERATUR

A. Schäfer: Quellenbuch, Geschichte der Stadt Bretten
M. Schaab: Geschichte der Kurpfalz
W. Frasch: Ein Mann namens Ulrich
V. Schmittchen: Bombarden, Befestigungen, Büchsenmeister
E. Schneider: Flurnamen der Stadt Bretten
F. v. Weech: Reissbuch 1504
R. Groll: Das kurpfälzische Oberamt in Wehr und Waffen; Pfeifferturm Nr. 6/1936

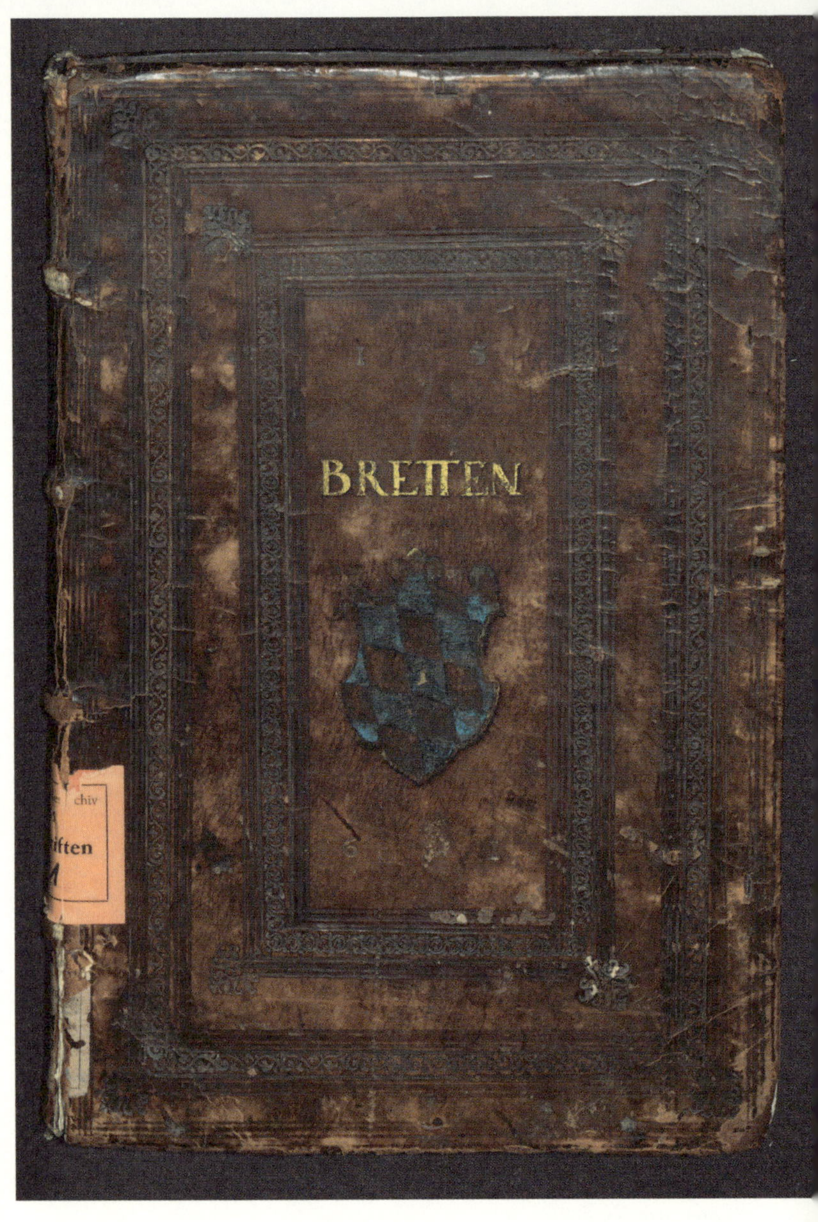

Der Einband der Schwarzerdt-Chronik aus dem Generallandesarchiv Karlsruhe (Signatur: 65 Nr. 131)

CHRONIK DES GEORG SCHWARZERDT

Erzählung zur Belagerung der Stadt Bretten
im Jahre 1504 mit Hinweisen über den Ursprung
des Krieges und wie der Friede wieder gemacht wurde.
Beschrieben durch Georg Schwarzerdt,
Schultheiß zu Bretten.

WIDMUNG

Für seine Durchlaucht, den hochgeborenen Fürsten und Herrn, Christoph Pfalzgraf bei Rhein, Herzog von Bayern, meinen gnädigen Herrn. Durchlauchtigster, hochgeborener Fürst! Eurer fürstlichen Gnaden versichere ich meinen untertänigsten und selbstlosen Dienst. Gnädiger Herr, Gott unserm Herrn und Vater im Himmel sage ich von Herzen Lob durch Jesus Christus, dass er Eurer fürstlichen Gnaden als hochgeborenem Fürsten und Pfalzgrafen einen solchen reichen Geist eingepflanzt hat, wie ich es selbst bei Euch fürstliche Gnaden jüngst erfahren durfte …

Nachdem mich Eure fürstliche Gnaden persönlich darauf ansprach, was für eine Stadt Bretten sei, habe ich Euren fürstlichen Gnaden versprochen, eine persönliche Schilderung zukommen zu lassen. Dabei ist die Belagerung der Stadt Bretten nicht das Einzige, das es zu berichten gilt.

Die Brettener haben beim Bauernaufstand oder Bauernkrieg allen anderen umliegenden Städten und Dörfern voran ihre untertänige Treue bewiesen, indem sie sich nie in eine Verschwörung oder einen Bund mit den Aufständischen einließen, sondern in der ***kurfürstlichen Pfalz*** *in untertänigstem Gehorsam auf Treu und Glauben verblieben.*

Dieser Umstand wurde bereits in einem vorangegangenen Bericht beschrieben und ich will die Zeit Eurer fürstlichen Gnaden nicht nochmals dafür in Anspruch nehmen.

Wie versprochen übersende und schenke ich Euren fürstlichen Gnaden dieses einfache Büchlein, dessen Schilderungen mir von den beiden getreuen Junkern Konrad von Sickingen, dem damaligen Vogt, und Erpf Ulrich von Flehingen und anderen glaubwürdigen Augen- und Ohrenzeugen gemacht wurden.

Untertänigst wünsche ich Eure fürstlichen Gnaden von Eurer Jugend bis zu Eurem Tode einen gottseligen, friedfertigen heiligen Geist, der Euch leiten, führen und beschützen soll.

Wie Brettheim von dem wohlgeborenen Grafen von Eberstein an die kurfürstliche Pfalz verkauft wurde, beschreibt Monsterus in seiner Chronik und ist hier ausgelassen.

Untertänigst empfehle ich mich in Eure fürstliche Gnaden.

Datum Pauli Bekehrung (25. Januar) 1561
Eurer fürstlichen Gnaden untertäniger
und getreuer Georg Schwarzerdt,
Schultheiß zu Bretten

6. BEGINN DER BELAGERUNG BRETTHEIMS

Im Jahr 1504, nachdem Herzog Ulrich von Württemberg seine Kriegserklärung nach Heidelberg geschickt hatte, rüstete er sofort zum Krieg. Er brachte die Besten seiner zur Wehr tauglichen Untertanen, soweit er sie ohne Gefahr für sein Land entbehren konnte, mit einer hohen Anzahl freier ***Landsknechte*** unter seinem Sold zusammen. Die Ausrüstung derer zu Ross oder zu Fuß, mit ***Geschützen***, Proviant, sonstiger ***Kriegswagen*** und -ausrüstung sowie Munition, wie sie zu solchen Heerzügen gehört, war so umfangreich, dass diese Kriegsmacht bei ihren Befehlshabern keinen Grund zur Klage ließ. Ulrich stand am Anfang und am Ende jeglicher Handlung, ohne ihn war wenig auszurichten.

7. ZUG DES WIRTENBERGISCHEN HEERES

Also zohe er mit seinem heer, die zue roß und fuß von den glaubwurdigen erfarenden uber dreissig tausent geachtet, erstlich in daß Ilinger feldt und Fayhingen, daselbst er mit seinem versamnleten heer biß in die dreyzehen tag blib ligen. Darneben verordnet er ein sondern hauffen, die namen die Maulpronnische dorff in und brandschetzten sie, darnoch zoge er für daß closter Maulpronn, daß dan derselbigen zeit, sampt seinen zugehörenden flecken und dorffern, churfürstlicher Pfaltz schirms weiß angehörig. Und wiewol ein bolwerck, so damalß fur uberfest geacht, uff dem berg hinder dem closter wol verwaret zugerust was, nochdem rücket hertzog Ulrich so nahendt mit seiner schantzen an daß closter, daß die in dem bolwerck wichen, und er es nitt allein uberhuihen, sonder an alle ort geringig schiessen möcht.

[WORTLAUT DER ORIGINAL-CHRONIK]

7. DER ZUG DES WÜRTTEMBERGISCHEN HEERES

Das ***württembergische Heer*** sammelte sich zu Ross und zu Fuß bei Vaihingen und im Illinger Feld und wurde von den glaubwürdigen Beobachtern auf über 30.000 Mann geschätzt. Dort lagerte es 13 Tage. Während dieser Zeit bildete es einen besonderen ***Haufen***. Mit diesem nahm das Heer die Dörfer des Klosters Maulbronn ein und ließ sie brandschatzen. Darauf zog er vor das Kloster. Diese stand zu jener Zeit mit seinen Dörfern und Flecken unter dem Schutz der kurfürstlichen Pfalz.

Das ***Kloster*** Maulbronn galt als Bollwerk mit stark befestigten Vorwerken. Vom Berg hinter dem Vorwerk geschützt, rückte Herzog Ulrich mit seinen Belagerern nah an das Kloster heran. Die aus den Vorwerken wichen nach nur geringem Widerstand zurück und so wurden diese fast kampflos eingenommen.

8. ÜBERGABE VON MAULBRONN

Die Kurfürstliche Pfalz geriet von so vielen Seiten unter Druck, dass es unmöglich war, an allen Orten gleichzeitig für Entlastung und Rettung zu sorgen. Die im Kloster waren sich ihrer Not und der Dauer einer bevorstehenden Belagerung bewusst. Sie beratschlagten, wie jetzt vorzugehen sei. Weil ihnen das Vorwerk als stärkster Teil der Befestigungsanlage genommen und die württembergische ***Schanze*** überlegen sei, meinten etliche ***Verteidiger***, es sei nicht möglich, dem Feind Widerstand zu leisten. Andere redeten davon, dass es ein Geistliches- und Gotteshaus sei, in dem es keinen Raum für kriegerische Handlungen gebe. Das machte sie aber noch unglücklicher. Die anderen dachten, dass ihnen die an allen Orten belagerte und dermaßen eingeschüchterte Pfalz weder Hilfe noch Rettung bringen könne. Sollten sie deshalb ihr Gotteshaus beschießen lassen und an Leib und Leben Schaden nehmen? Damit würden sie sich eher dem Vorwurf des Frevels aussetzen, als mit Ehre und Lob bedacht zu werden. Obwohl etliche dagegen waren, konnten sie sich mit einem ausgehandelten Abzug mehr anfreunden als mit einer langen Belagerung. Unter Zustimmung aller wurde mit Herzog Ulrich ausgehandelt, dass er das Kloster einnimmt und die Verteidiger mit ihrer Habe abziehen lässt.

9. EIN ANGEBLICH DURCH BRETTENER HEXEN VERURSACHTES UNWETTER

Nachdem er das Kloster eingenommen hatte, zog Herzog Ulrich die Knittlinger Steig herab zum *Steger See*, um an der neuen Grenze zwischen Pfalz und württembergischem Gebiet für acht Tage zu lagern. Die Ausrüstung war wieder herzurichten, Körper und Geist mussten sich erholen. Als die Zelte aufgeschlagen und das Lager so weit hergerichtet war, erhob sich ein Unwetter, so stark, dass es die Menschen erschreckte. Der Wind zerriss die Abspannungen, warf die Zelte um und wirbelte das ganze Lager so wild durcheinander, dass sie ihr Unglück nicht begreifen konnten.

Die Württemberger gaben einer angeblichen Hexenverbrennung in Bretten die Schuld. Deshalb sei die ganze Stadt voll von Hexen gewesen, die mit ihrem Geschrei die Luft so erfüllten, dass dadurch das Unwetter losbrach.

10. AUFMARSCH DER WÜRTTEMBERGER

Am Dienstag nach Fronleichnam, am 11. Juni 1504, brach Herzog Ulrich von Württemberg nun mit seinem gesamten Kriegsheer in Richtung der Stadt Bretten auf. Von Gölshausen herkommend, zog er entlang eines Bächleins gegen ***Weißhofen*** vor. Er errichtete seine ***Schanze***, sein Hauptlager, bei Peter Kochels, vormals Hans Reuters Nussbäumen hinter dem Pfeifferturm, bis dahin, wo sich der Gölshäuser und der Gochsheimer Weg treffen. Die beschädigten Schanzkörbe vom Steger See, von Derdingen und von Gölshausen wurden herbeigeschafft, mit Erde gefüllt und zu einer Schanze für die Geschütze aufgesetzt. Bis dahin hielt es niemand für möglich, während einer Nacht einen solchen Wall von 650 Körben aufzurichten. Mittwochs im Morgengrauen ließ Herzog Ulrich den Tag anblasen. Kurze Zeit später begannen die Geschütze Türme, Mauern und Häuser dermaßen zu beschießen, dass die ganze Stadt erbebte. Man konnte vor lauter Staub, Rauch und Dampf den anderen kaum mehr sehen.

11. RÜSTUNG DER STADT BRETTEN

Der hochlöbliche Kurfürst Pfalzgraf Philipp hatte die Stadt Bretten mit Geschützen, Pulver, Blei und Proviant versorgt. Hinter dem *Steinhaus* wurde eine *Garküche* errichtet. Dort konnte sich jeder seine Verpflegung holen. Damit gab es in Bretten keinen Mangel. Die Nachbarn aus Rinklingen, Diedelsheim, Gölshausen, Sprantal und Ölbronn wurden nach Bretten befohlen, um zusammen mit der Bürgerschaft Tag und Nacht die Wehrgänge zu besetzen und zur Verteidigung beizutragen.

Aus Ortenberg im *Oberen Reich*, das waren Oberland und Elsass, wurde ein Fähnlein Landsknechte zur Verteidigung hergeschickt. Deren Hauptmann, ein Schneider, wurde in der Gasse bei der Herberge zum Löwen von einem Querschläger getötet. Mit Hauptmann Hans von Göppingen kam etwas mehr als ein Fähnlein Landsknechte.

Ein Landsknechts-Fähnlein kam unter Hauptmann Albrecht Schedel. Von deren Aufstand wird später noch berichtet.

12. **ERPF ULRICH VON FLEHINGEN**

Des Weiteren lagen etliche ***Edelleute*** in der Stadt. Einer davon war in blühenden Jugendjahren Erpf Ulrich von Flehingen. Durch das tagsüber selten verschlossene Saltzhofer Tor ritt er täglich mit seinem braunen Pferd hinaus, um mit dem Feind zu scharmützeln. Seine Geschicklichkeit und sein Mut wurden bei Freund und Feind gerühmt. Erpf Ulrich stellte seine Ritterlichkeit und seinen Heldenmut so oft unter Beweis, dass es schon verwunderte. Seine Angewohnheit, um den Schwindelbaum herumzustreifen und sich dann über den Bach bei den Windstegen davonzumachen, war den Feinden bekannt. Einmal, als sie ihn entdeckt hatten, stellten sie ihm genau dort mit etlichen Männern eine Falle. Mit Übermacht traten sie Erpf Ulrich von Flehingen entgegen. Der wich mit seinen Helfern aus. Der Feind stellte ihm aber nach und trieb ihn geradewegs in den Hinterhalt der Landsknechte bei den Windstegen. Erpf Ulrichs Armbrustschützen blieb nach dem ersten Schuss keine Zeit, um neu zu spannen, weil sich ihnen die in der Nähe der Brücke verborgenen Landsknechte in den Weg stellten, um sie mit ihren Geschützen und Gewehren gebührend zu empfangen. Die aufgebrachte Meute hinter sich und die

Landsknechte vor sich, war Junker Erpf und den Seinen klar, dass man nur in der Mitte siegreich durchbrechen oder untergehen konnte. Seine Männer sollen sich Gott und dem Glück empfehlen und mit Heldenmut und ihm an der Spitze durchbrechen. Unter den Armbrustschützen war Hans Entenkopf von Neibsheim. Mit einem auf der ungespannten Armbrust liegenden Pfeil stürmte dieser mit solcher Wucht und Geschrei gegen die Landsknechte, dass diese wichen. Ohne die nachfolgenden württembergischen Reiter wäre von diesen Landsknechten wenig übrig geblieben. So kamen Junker Erpf und seine Leute ohne Schaden davon. Nicht so der Landsknecht, der mit seiner ***Hellebarde*** des Edelmannes braunes Pferd niederstreckte. Das Pferd allerdings erholte sich und kam durch.

13. ANDERE EDELLEUTE

In der Stadt waren außerdem: Christoph von Helmstatt aus Oberöwisheim und Hans von Bettendorf aus Nußloch, der war später lange Zeit Haushofmeister der kurfürstlichen Pfalz in Heidelberg.

Der Edelmann Conradt von Helmstatt unterhielt sich unweit des Weißhofer Torturms über die Mauer hinweg mit den Feinden. Landsknechte, die das hörten, setzten ihm darauf heftig zu. Wäre er kein Edelmann gewesen, hätten sie ihn wohl über die Mauer geworfen. Obwohl er fortan nicht mehr auf die Mauer ging, war er bei niemandem mehr gern gesehen.

Der Edelmann Hermann von Geispolzheim war ebenfalls in der Stadt. Von Gestalt hübsch und gerade gewachsen, von Gemüt ritterlich und männlich war Edelmann Schonthalß aus dem Niederland. Mal zu Ross, mal zu Fuß, mal ohne Rüstung, mal ohne Sattel scharmützelte er mit dem Feind und vollbrachte wunderliche Dinge. Oberster Hauptmann über das Fußvolk war der Edelmann Gerstenacker. Der niederländische Oberst Marsilius von Reif(f)enberg, ein vortrefflicher Mann, stand mit gutem Rat und guter Tat zur Sache.

14. CONRADT VON SICKINGEN

Junker Conradt von *Sickingen* war *Vogt* in der Stadt Bretten. Da er Stadt, Gegend und Belagerer besser kannte als die Hauptleute aus den Niederen Landen, wurden unter seiner Verwaltung auch alle anderen notwendigen Dinge besorgt. Dies erledigte er mit solchem Fleiß und solcher Sorgfalt, dass er wegen der vielen Arbeit weder zum Schlafen noch zum Essen kam.

Am Anfang des Krieges, als Herzog Ulrich von Württemberg noch am Steger See bei der Geleitsbrücke lag, schickte ihm ein Freund von dort einen Brief. Um diesen nicht allein entgegenzunehmen, bestellte er sowohl Bürger als auch Fremde zu sich. In deren Beisein ließ er dem Absender und seinen anderen Vettern durch den Boten ausrichten, sie sollen sich für ihren Herrn, Ulrich von Württemberg, wie es sich für ehrliche Kriegsleut gehört, einsetzen. Dazu gelobte er, während seines ganzen Lebens für seinen Herrn, den Pfalzgrafen, das Gleiche zu tun. Weil viele württembergische Edelleute, besonders die Spethen, mit ihm verwandt und gut bekannt waren, hatte man ein besonderes Auge auf ihn.

15. **KLEIDUNG DER BELAGERTEN**

Der Krieg hatte schon etliche Tage gedauert und es war sehr heiß. Deshalb ließen sich der Vogt, Hans Hack, der Schultheiß und noch viele andere mehr wegen der unleidlichen Hitze Sommerkittel anfertigen, um sie über dem Harnisch zu tragen.

Die Landstraße von Ulm herab, von wo für gewöhnlich die Leinenstoffe kamen, war wegen des Krieges wie leer gefegt. Als einziger Stoff war in der Stadt ein ***Kelsch*** zu haben. Dies ist eine besondere Art von ***Barchent*** mit blauen Streifen, aus dem für gewöhnlich Bettzeug genäht wurde.

Da man täglich auf den Einfall des Feindes wartete, glaubten viele, Vogt Conradt von Sickingen hätte eine Absprache mit dem Feind. Der sollte ihn bei einem Einfall an seinem Kelt'schen Kittel erkennen und verschonen, während sie abgestochen wurden. Darauf ließen sich viele Bürger aus ihrem Bettzeug heimlich solche Kittel machen, um sie im Falle des Sturmes auf die Stadt ebenfalls überzuziehen und genauso verschont zu werden wie die Edelleute. Damit taten sie dem Vogt und den Seinen aber gänzlich Unrecht. Dieser setzte sich, wie zuvor schon gehört, für seinen Herrn und die Stadt Brettheim mit solcher Gewissenhaftigkeit und solchem Fleiß ein,

dass sich Brettheims Bürger noch heutzutage in aller Unterwürfigkeit für ihre Verdächtigungen entschuldigen und ihm nur Lob und Ehre nachsagen sollten.

Es wundert niemanden, dass ihn von seinen Neidern Bosheit und Argwohn trafen. So gibt die Welt ihren Lohn. Wer es am besten meint, erntet häufig den größten Undank. Diese Tatsache soll aber niemanden davon abhalten, sich zur Ehre Gottes und zur Förderung der Allgemeinheit einzusetzen. Letztlich findet immer das Gute seine Belohnung und die Bosheit ihre Strafe.

16. **GEGENWEHR DER BESATZUNG**

Weil die Geschütztürme und Mauern größtenteils von der Bürgerschaft besetzt waren, gab es keine Klagen. Die Hauptleute gingen stetig auf und ab. Dadurch war jedermann willig und jedermann gab sein Bestes. Die auf der Mauer leisteten starke Gegenwehr und schossen ohne Unterlass Tag und Nacht.

Andere besserten das, was tagsüber zerschossen wurde, des Nachts mit Holz, Erde, Mist und Steinen wieder aus. Wieder andere legten eine Fallgrube vom Weißhofer Tor bis zu „Unserer Lieben Frauen Haus“ innerhalb der Ringmauer genau dort an, wo man den Ansturm der Belagerer erwartete.

Das Innere dieses Grabens war mit angespitzten Zaunpfählen, die gegeneinander zeigten, gespickt. Dazwischen lagen mit Schwefel und Pech getränkte Strohräder, die man im Falle eines Angriffs sofort hätte anzünden können. Zusätzlich wurde eine große Anzahl von Fußeisen gelegt.

Damit war die Stadt auf einen Ansturm aufs Beste vorbereitet. Nach acht Tagen Belagerung war den Menschen der erste Schreck vergangen und jeder mit seiner Aufgabe besser vertraut als am ersten Tag.

Weil die ***Kanonen*** von Herzog Ulrich auf dem Berg hinter der Stadt lagen, schossen die Geschütze

über die Stadt hinweg. So konnte man sich in vielen Teilen der Stadt sicher und ohne Sorgen aufhalten.

Für niemande war dadurch der Krieg beschwerlich, sondern jeder war willig und mit Freude bei der Sache. Man hoffte, mit göttlicher Hilfe und Gnade den Sieg, Ehre und Lob so zu erlangen, wie es auch geschah.

17. MISSLUNGENER PLAN DES STURMES DURCH DIE BELAGERER

Die Ringmauer war übel zerschossen. Die Hochwehr im gleichen Bereich abgeschossen und eingenommen. Die Württemberger hatten bereits alles vorbereitet, um die Stadt am darauffolgenden Morgen endlich zu stürmen. Aber Gott durchkreuzt menschliches Ansinnen oftmals auf wundersame Weise. Noch bevor der Feind Aufstellung nehmen konnte und ohne zu wissen, was der Feind plante, war Andris, ein ***Bader*** aus Sulzfeld, an diesem Morgen auf die Mauer gestiegen. Fast nackt, nur mit einem einfachen Hemd und einem Bader-Hut bekleidet, schlug er auf sein Wasserbecken und rief immer wieder laut seinen Bader-Ruf: „Ins Bad, das Bad ist warm und eben recht“. Genauso wie jeder Bader zu sich ins Bad ruft und klopft.

Als die auf der Schanze dies sahen und hörten, schickten sie Meldung zum Heer. Nach dieser Meldung wollten die Hauptleute an diesem Tag nicht mehr stürmen lassen. Sie glaubten sich verraten und die Stadt über ihren bevorstehenden Angriff informiert und bereits zur Verteidigung gerüstet. Weil sie jetzt glaubten, nichts auszurichten, wurde nicht gestürmt.

18. LERMAN, SO SICH IN DER STATT BEGEBEN HABEN

Ehe dan hertzog Ulrich für die statt khame, lag Friderich Hack mit siebenzig person, die er mit im von Weingarten bracht, (den er deßmalß ein keller daselbst war) in der statt, und nachdem die gemein eins tags zusammen beleutet, inen allerlei zu verkunden, war Friderich Hack auch darbey. Alß aber ettlich burger zu der sachen etwas mehr dan Friderichen nutzlich bedaucht redten, wolt er sie mit worten straffen, daß mochten aber die burger, weil er noch khein befelch in der statt hett, nitt wol von im leiden, wuchssen also mit worten in widerwillen zusamen, doch wurden sie uff dem rhathaus gestillt. Aber alß sie herabkomen und Friderich die seinen von Weingaten auch die raisigen, der ein mercklich anzal in der statt waren, ersach, vermeinende, nachdem die burger der mehrerhteilß heimgegangen, er mit denn, die hiervor mit im gebalgt und noch auff dem platz stunden, verner von der sach reden, es dorffen die burger nichts gegen im furnemen, weil die raisigen und die von Weingarten all seiner parthey waren. Alß er aber mit ernstlichen worten ettlich der burgerschafft erwuchß, rotirten sie sich die burger auch und dermaß, daß sie den frembden vermeinten stark genug zu seyn. Also stunden sie zu beiden theilen mit solchem ernst gegen einander, daß iederman sich eins grossen unraths versehen hett. Daß wardt aber Hansen Lotten, genant Hack, der deßmolß schultheis war, kunt gethon, der eilet hinzu, trang sich zwischen die zwo parthey, geboth beiden theilen den friden, theidingt die burger ab, redt darnoh mit Friderichen, der sein stieffbruder war, er solt sich deren ding hinfurther messigen, er hette ietz nitt seine bauern von Weingarten an ime, die vielleicht solchs von im möchten dulden, er solt im kein unwillen bey der gemein machen, sonst wußt er in nitt allweg zu schirmen, daß wolt er in treulich gewarnt und gebetten hon. Also zoge iederman wider ab und waren zufriden, und wo der schultheis uff dißmol nitt so eilents darzu khommen, es were (noch dem beid theil in zorn und und ernst gegen einander erhitzt) iamer und dottschlag endstanden.

18. **EIN STREIT, DER SICH IN DER STADT ZUGETRAGEN HAT**

Noch bevor Herzog Ulrich vor der Stadt aufzog, lag bereits ***Friedrich Hack*** mit siebzig Mann in der Stadt. Hack war der ***Keller*** von Weingarten und hatte die Mannschaft von dort mitgebracht.

Wegen dieses frühen Eintreffens war er bereits dabei, als das gemeine Volk zusammengerufen wurde. Mitteilungen sollten gemacht werden. Etliche Bürger hatten dazu mehr zu sagenn, als Friedrich angemessen erschien, und er begann sie zurechtzuweisen. Weil er aber noch keinen Befehl in der Stadt hatte, wollten sich das die Bürger nicht bieten lassen. Sie gerieten mit Worten aneinander. Der Streit wurde aber noch auf dem Rathaus beigelegt. Als sie vom Rathaus herabkamen, warteten auf Friedrich neben den Seinen aus Weingarten auch viele Reiter, die ebenfalls bereits in der Stadt waren. Ein Großteil der Bürger ging nach Hause. Nur die Bürger, die sich zuvor mit Friedrich Hack auf dem Rathaus gestritten hatten, waren noch auf dem Platz.

Die aus Weingarten und die Reiter ergriffen für Friedrich Hack Partei. So konnten die Bürger gegen ihn nichts ausrichten. Erneut führte er sich mit starken Worten gegen die verbleibende Bürgerschaft auf. Das brachte die Bürger dermaßen in Wut, dass sie glaubten, gegenüber den Fremden stark genug zu sein. Beide Seiten standen sich jetzt voller Zorn gegenüber. Zu einem großen Unglück fehlte nicht viel.

Dem Schultheiß Hans Lott, genannt der Hack, wurde dies mitgeteilt. Er eilte herbei, zwängte sich zwischen die Parteien und gebot beiden Teilen, Frieden zu halten, und schickte die Bürger heim. Danach stellte er seinen Stiefbruder Friedrich zur Rede. Er solle sich zukünftig nicht so aufspielen, sondern mäßigen. Er hätte jetzt nicht seine Bauern aus Weingarten vor sich, die sich ein solches Auftreten von ihm gefallen ließen. Er verbat sich, solchen Unfrieden bei der Bevölkerung zu stiften und warnte, dass er ihn dann nicht weiter beschützen könne.

Danach zogen alle wieder ab und waren zufrieden. Da sich die Gemüter beider Seiten mit Zorn und Gewalt so stark aneinander erhitzt hatten, wäre es ohne das schnelle Herbeieilen des Schultheißen zu Jammer und Totschlag gekommen.

19. **EIN ANDERER VORFALL**

Am dritten Tag der Belagerung erstach Carius Einhart aus Weingarten mit einem Sauspieß in der Nähe des Marktbrunnens einen aus dem Oberen Reich. Darauf flüchtete er durch die vordere Haustüre von Hans *Reuter*. Das Haus gehört jetzt Georg Schwarzerdt.

Diese Tat wurde von vielen beobachtet. Das ganze Fähnlein aus dem Oberen Reich sammelte sich mit großem Geschrei und forderte von den Bürgern die Herausgabe des Mörders. Clarius, der Täter, aber lief geradewegs zu Hans Reuters Hintertür wieder hinaus. Noch bevor die Tat jedermann bekannt war, schlich er sich durch das tagsüber immer geöffnete Saltzhofer Tor aus der Stadt und entkam.

Die vom Oberen Reich standen zusammen und forderten ihr Recht. Da die Bürger ebenfalls zusammenliefen, steigerte sich der Vorfall so lange, bis beide Seiten in feindlicher Absicht gegeneinander standen. Die vom Oberen Reich wollten den Täter mit allen Mitteln haben. Sie setzten Hans Reuter die Spieße und die Hellebarden auf die Brust, weil der Täter in sein Haus gelaufen war. Weder er noch ein anderer Bürger wusste, wo der Täter geblieben war.

Weil jeder sagte, der Täter sei in Hans Reuters Haus gelaufen, bestanden die Kameraden des umgebrachten Landsmannes darauf, den Täter mit Gewalt darin zu suchen. Die Hauptleute schlichteten, indem sie von beiden Parteien jeweils mehrere Personen bestimmten, denen Hans Reuter alle Türen, Kisten und Schränke aufschließen musste, ob der Täter darin zu finden sei. Trotz gründlichster Suche fanden sie den Mörder nicht. Darauf kam Nachricht, dass der Täter zum unteren Tor hinaus und die Suche einzustellen sei. Die vom Oberen Reich überprüften die Richtigkeit dieser Nachricht genau, befanden sie für richtig und zogen mit großem Unwillen wieder ab.

20. **DER DRITTE AUFSTAND**

Selten herrscht bei solchen Kriegen auf Dauer Einigkeit unter den Heeren. Überall findet man unbedachte, frevelnde und unnütze Aufwiegler.

Die entfachen eine Meuterei oder einen Aufruhr nur um ihres eigenen Vorteils willen und ohne daran zu denken, wem das Ende schadet. So geschah es am neunten Tag der Belagerung.

Den Landsknechten unter Albrecht Schedel stand aus dem zurückliegenden Monat noch Bezahlung aus. Vier Landsknechte aus ihren Reihen gerieten beim Weißhofer Tor und in den davorliegenden Gassen von der Schanze her unter starkes Geschützfeuer. Steine barsten aus dem Turm und verletzten zwei der Landsknechte tödlich. Ihre Kameraden bargen die Landsknechte und trugen sie zu ihrer Herberge. Als dass die anderen Kameraden sahen, rotteten sie sich zusammen, zogen vor Ziegel Hansens, jetzt Erhardt Finckens Haus am ***Marktplatz***, der Herberge ihres Hauptmannes Albrecht Schedel, um ihm die Meinung zu sagen und ihrem Ärger Luft zu machen.

Ihm, ihrem Hauptmann, hätten sie Leib und Leben anvertraut und sich unter seinem Kommando treu und ehrlich, wie es sich für fromme Landsknechte gehört, verhalten. Es nehme sie aber Wunder, dass er als ihr Hauptmann, zu dem sie weiter hielten, ihnen zwar mehrmals versprochen hatte, sich um ihr Wohlergehen zu kümmern, es aber unterließ. Der Monat sei um, ihr Dienst sei versehen und erbracht, aber seit längerer Zeit keine Entlohnung mehr erfolgt.

Damit sei ihre Geduld jetzt am Ende. In dieser Stadt seien sie wie Schafe in einem Pferch eingesperrt. Jederzeit sei mit Gefahr für Leib und Leben zu rechnen, wie ihre Kameraden niedergeschossen zu werden und jämmerlich zu verrecken. Mit emsigem Wachen, großer Vorsicht, Mühe und Arbeit war ihre Zeit verschwendet. Dies sei alles so beschwerlich, dass sie auf ihren Verdienst nicht länger warten wollten. Ein Hauptmann, der in solche Gefahr führt, müsse sich auch um die Bezahlung kümmern. Dies müsse er endlich begreifen.

Während dieses heftigen Wortstreites versammelten sich fast alle, die unter Hauptmann Albrecht Schedel ihren Dienst taten.

21. **MEUTEREI DER LANDSKNECHTE**

Hauptmann Albrecht Schedel erfasste sofort den Ernst der Lage. Seine Mannen hatten sich zusammengerottet, ihre Gemüter waren erhitzt. Unter diesen Umständen konnte man ihnen nicht mit Strenge begegnen, sondern musste auf ihr Verlangen eingehen. Einen Aufstand in der Stadt könnte sich der Feind zunutze machen und die Stadt leichter erobern.

Sollte er schnell auf ihre Forderungen eingehen und mit ihnen zum Obersten Hauptmann gehen, um den Sold einzufordern, obwohl er genau wusste, dass dieses Ansinnen mangels Geldes in der Stadt abgelehnt werden würde und er damit einen großen Aufstand am Halse gehabt hätte?

So versuchte er zu vermitteln, indem er ihnen sagte, selbstverständlich habe er sie an diesen Ort, in diese Stadt geführt. Selbstverständlich habe er ihnen ordentliche Belohnung versprochen. Selbstverständlich wisse er, dass der Monat um sei und sie ihren Sold verdient hätten. Auch er habe nicht gefeiert, denn auch er habe seinen Sold noch einzufordern. In der Stadt sei kein Geld mehr zur Hand, sie könnten aber auf die Ehrlichkeit des Kurfürsten vertrauen. An Essen, Trinken, Pulver, Blei, Wasser und was man sonst noch brauche, fehle nichts und ihm sei weder eine

berechtigte Klage noch ein Mangel bekannt. Das Geld sei unterwegs und müsse nur noch an den Feinden vorbei in die Stadt gebracht werden. Deshalb bitte er sie, sich noch einige Tage ruhig zu verhalten und wie bisher ihr Bestes zu geben.

Sollte es aber einen Verwundeten oder Bedürftigen unter ihnen geben, solle der sich bei ihm melden, er werde dann mit dem sein Vermögen teilen oder sonst dafür sorgen, dass der ordentlich gepflegt und versorgt werde.

22. **FORTGANG DERSELBEN**

Die Landsknechte erwiderten Albrecht Schedel darauf, dass es ihnen gleich sei, wie er als Hauptmann seinen Sold bekomme. Ihnen als armen Landsknechten allerdings sei er es schuldig, sich für ihre Bezahlung einzusetzen. Deshalb wollten sie auch nicht mehr länger zuwarten, sondern ihre Besoldung haben oder aus der Stadt hinausziehen. Obwohl der Hauptmann flehentlich bat, wurde er doch von seinem Haufen überschrien. Gleichzeitig schlugen die Trommler ihre Schlegel zusammen. Das machte einen solchen zusätzlichen Lärm, dass ein Reden nicht mehr möglich war.

Nun wollte sich Schedels ganzer Haufen auf dem Marktplatz versammeln, um dort die Lage zu besprechen. Als aber die Bürgerschaft und das andere Kriegsvolk dazukamen, um zu erfahren, was hier vorgefallen sei, konnten sie diesen Plan nicht mehr ausführen. Deshalb zogen sie geschlossen in den kurfürstlichen ***Stadthof*** neben dem unteren Steinhaus des Klosters Herrenalb, um dort ihre Lage zu besprechen.

23. VORSICHT DER HAUPTLEUTE

Noch bevor Schedels Landsknechte dort Aufstellung nehmen konnten, waren Oberst Marsilius von Reiffenberg und Vogt Conradt von Sickingen über den Aufstand unterrichtet und beide wussten, welche Gefahr er für die Stadt Brettheim bedeutete. Sofort schickten sie nach allen Bürgern, die insgeheim mit ihren Harnischen und Gewehren von den Türmen, Mauern und Wehrgängen herab sofort ins Steinhaus kamen. Im Steinhaus wohnte der Vogt.

Nur ein Mann verblieb auf der Mauer. Der Feind hätte die Stadt mit ihren zerschossenen Mauern ohne große Anstrengung einnehmen können, wenn er von dem Aufstand gewusst hätte.

Gleichzeitig wurde den anderen Hauptleuten befohlen, ihre Landsknechte in andere Teile der Stadt zu bringen und sie nicht zu den Aufständischen zu führen. Sie sollten ihnen erklären, dass es für sie das Beste sei, sich nicht mit den unnützen Aufständischen zusammenzutun, und sie daran erinnern, in wessen Dienst sie stünden, damit sie die Feinde in der Stadt genauso bekämpften wie die außerhalb. Das Sprichwort „mit Füchsen ist nicht gut Füchse fangen“ bewies jetzt seine Richtigkeit. Die Lands-

knechte entschuldigten sich, sie könnten gegen die Aufständischen nicht vorgehen, denn wenn ihnen solches widerfahren sollte, wären sie auch unzufrieden und würden auf ihrer Bezahlung bestehen. Dass gerade kein Geld mehr in der Stadt sei, bedauerten sie, und angesichts der Lage sei eine friedliche Einigung das Beste.

24. ANTRÄGE ZUR BESCHWICHTIGUNG DER SÖLDNER

Unterdessen hatten sich der Adel und die Bürgerschaft bewaffnet im Steinhaus eingefunden. Marsilius von Reiffenberg und Conradt von Sickingen und weitere Ritter kamen zu ihnen, um die Meinung der Landsknechte mitzuteilen. Alle wüssten, in welch großer Gefahr und ernsthafter Bedrohung sie sich alle befänden. Nicht nur die Stadt Brettheim, sondern ihr eigener Leib und ihr Leben, Eid und Ehre und ihr Hab und Gut seien durch die Meuterei und den Aufstand von Schedels Landsknechten, die aus der Stadt nur wegen nicht erfolgter Bezahlung ausziehen wollten, in Gefahr. Um große Zerstörung und Schaden von ihnen und der Stadt Brettheim abzuwenden, baten Vogt und Oberst in aller Freundlichkeit, ob nicht einer unter ihnen sei, der wisse, wo es Geld gebe oder der selbst Geld habe. Sollte ihnen jemand Geld leihen, würde er selbst zusammen mit dem Vogt Bürge und Schuldner dafür sein. Selbst der Kurfürst würde demjenigen nicht nur die Bezahlung, sondern zusätzlich besondere Gnade zukommen lassen, der nicht nur seine eigene Haut, sein Hab und Gut rettet, sondern auch das Vater-

land. Diese Worte sprach Marsilius von Reiffenberg eindringlich und bittend. Sollte Geld aufgebracht werden, wolle er es unter den Aufständlern verteilen, um diesen Missstand abzustellen, bis das Geld des Kurfürsten in der Stadt sei.

25. UNTERHANDLUNG MIT DEN LANDSKNECHTEN

Da traten etliche Bürger, darunter namentlich Hans Reuter und Jacob *Schmeltzle*, die damals zu den reichsten der Stadt zählten, hervor. Beide gaben bekannt, dass sie zwar Hab und Gut einsetzen wollten, sie aber gerade kein Geld hätten. Sie seien gerade von der Frankfurter Messe zurückgekommen, wo keine Geschäfte zu machen waren. Sollte aber jemand Mangel an Essen, Trinken oder an Bekleidung haben, wollten sie Frucht, Wein und Tuch gerne vorstrecken und borgen, bis die Bezahlung in der Stadt eintreffe. Noch viele weitere Bürger meldeten sich. Der eine mit Geld, der andere mit seinem sonstigen Vermögen. So kamen 800 Gulden an Geld, Tuch und Werten zusammen, um den Landsknechten den halben Sold ausbezahlen zu können. Der Oberst lobte die Bürgerschaft darauf für ihr Verhalten.

Gleichzeitig sagte Albrecht Schedel den Seinen die Meinung. Er verstehe nicht, welcher Mangel sie dazu bewegte, sich während der derzeitigen ernsten Gefahr so aufzuführen. Es fehle weder an Proviant noch an Sonstigem. Selbstverständlich seien schon einige verletzt oder durch die Geschütze getötet worden, aber das brauche sie nicht zu wundern, denn dafür seien sie da. So sei der Krieg, wer das nicht ertragen könne, solle zu Hause bleiben und sich keinem Herrn verpflichten. Er wisse, dass das Geld vorhanden sei und es nur noch in die Stadt gebracht werden müsse. Er bat sie zu bedenken, dass sie in der Stadt des frommen Kurfürsten lägen, der ihnen vertraue. Sollte durch sie ein Schaden entstehen, werde der Kurfürst ihnen nie verzeihen. Er verlasse nicht mit ihnen die Stadt, wie sie wohl voraussetzten; sie müssten ihn schon an den Haaren hinausziehen. Er wolle sich diese Schande, die Stadt im Stich gelassen zu haben, nicht nachsagen lassen. Sie aber sollten bedenken, dass Untreue sie selbst treffe.

Er gab zu bedenken, dass die Ritterschaft und die Bürger bereit seien, sich mit ihnen zu schlagen und alles nicht so einfach sei, wie sie es sich vorstellten. Deshalb riet er ihnen von ihrem Plan ab. Sollte es einem von ihnen an Proviant, Kleidung oder anderem mangeln, solle derjenige es ihm sagen und er werde ihm aushelfen. Bis zum Eintreffen ihrer vollen Bezahlung sollten sie sich damit jetzt begnügen. Einige unter ihnen, vor allem das unnützeste Gesindel, wollten sich damit nicht zufriedengeben und überschrien die anderen. Leib und Leben hätten sie gegen Bezahlung eingesetzt, und dafür wollten sie jetzt nicht solche Almosen haben. Entweder sie erhielten ihren verdienten Lohn oder sie würden sich einen neuen Herrn suchen. Mehr hätten sie dazu nicht zu sagen.

26. STILLUNG DER MEUTEREI

Trotzdem bereiteten sich Oberst Marsilius von Reiffenberg zusammen mit Vogt Conradt von Sickingen darauf vor, sich zur Wehr zu setzen. Sie stellten die Bürger auf, richteten ein Geschütz, das sie in der Eile von den Wehrgängen herabbrachten, auf die Aufständischen und stellten sich zusammen mit den Edlen in voller Rüstung vor ihre Mannschaften. Sie ließen keinen Zweifel daran, sich mit den aufständischen Landsknechten eher zu schlagen, als sie aus der Stadt hinausziehen zu lassen.

Schedels Landsknechte erkannten den Ernst ihrer Lage und versuchten nun ihrerseits, die Sache friedlich zu regeln. Der Oberst schickte nun seinerseits eine Botschaft zu ihnen, die sie aufforderte, von ihrem Vorhaben abzusehen. Als Gegenleistung bot er jedem die Hälfte seines ausstehenden Soldes als Geld, Proviant und Tuch für Kleidung an und bürgte für den Rest.

Jetzt sah Schedels Haufen die Ritterschaft, die bewaffneten Bürger und deren Wehren gegen sich gestellt. Um nicht alles zu verlieren, wie Wasser, das man in einem Korb trägt, nahmen sie den Vorschlag an und begaben sich zurück in ihre Unterkünfte.

Jetzt zogen auch die Bürger wieder auf die Wehrgänge, jeder dorthin, wohin er aufgestellt worden war. Fortan richteten die Befehlshaber ihre ganze Aufmerksamkeit darauf, diesen und sonstigen Aufruhr zu verhindern.

27. VERSTÄRKUNG DER BESATZUNG

Nach Mitternacht, am neunten Tag der Belagerung, als gerade der Mittwochmorgen anbrechen wollte, kamen noch 1.500 gut ausgerüstete Landsknechte von Heidelsheim her das Wiesental neben dem Bach als *Verstärkung* herauf in die Stadt. Sie waren vom Kurfürsten geschickt, ihr Hauptmann hieß Hans von Hattstatt. Sie brachten auch so viel Geld mit, dass jeder bezahlt werden konnte. Als das den aufständischen Landsknechten unter Albrecht Schedel mitgeteilt wurde, waren diese ganz durcheinander.

Ohne Waffengewalt setzte man ihnen jetzt zu und von ihrem fordernden Auftreten war nichts mehr zu merken. Sie mussten ihre eigene Schande, die ihnen bis heute nicht verziehen wurde, eingestehen.

28. **PLAN ZUM AUSFALL**

Nach ihrer Ankunft ruhten die von ihrem weiten Weg müden Landsknechte drei Tage. Bretten hatte, vom Kurfürsten bevorzugt, diese große Verstärkung erhalten. Dies machte nicht nur seinen Hauptleuten, sondern jedermann, ob Fremder oder Einheimischer, den Krieg umso leichter. Mit dieser Unterstützung planten sie, sich jetzt gegen den Feind zu stellen. Vorher war dies nicht möglich. Sie erkannten den allgemeinen guten Willen und planten den Feind anzugreifen, ihm in die Schanze zu fallen und diese zu überrennen, wie es später auch geschah. Die Hauptleute trafen sich im Geheimen. Niemand wusste etwas von ihrem Ausfall bis zum Freitag Mariä Heimsuchung, Visitationis genannt, dem dritten Tag, nachdem die fünfzehnhundert Landsknechte in die Stadt gekommen waren. Frühmorgens, bevor der Tag anbrach, befahl Oberst Marsilius von Reiffenberg, in aller Stille sich mit dem Morgenessen einzudecken, sich zu rüsten und auf den Marktplatz zu kommen, um weitere Befehle abzuwarten.

Selbst die Bürgerschaft war nicht nur willig, sondern geradezu begierig darauf, sich entweder siegreich gegen den Feind zu stellen oder dabei unterzugehen. Ohne etwas zu essen oder zu trinken, stellten sich die Bürger auf dem besagten Platz auf. Sie wollten nichts versäumen.

29. AUFSTELLUNG ZUM AUSFALL

Und alß die glock sieben geschlagen hett, war iederman mit seiner wehr auff dem marckt, der hauptleut beschaidt zu gewarten. Also khamen die hauptleut und machten die ordnung, nemlich stelten sie auff funffhundert in dem ersten genant den verlorn hauffen, under denen waß khein burger, sonder eitel gering und bewabnet fußknecht, die ließ man gegen dem gotsacker thor ziehen; nebendt denen zog uff ider seiten ein geschwader handschutzen.

Nochdem wurden auff siebenzig burger in einer sondern ordnung mit iren wehren, so gut sie die haben möchten, angesteldt, uff die volgt aller erst, der gewaltig hauff, deren ohngever uff daussent freyer knecht waren, alles außerlesen und von persohn ansichtig, rechtgeschaffen kriegsvolck, mit harnisch und gewehr gerust und versehen, wie deßmalß der brauch war. Under deß schleichten sich viel burger ein, die auch gern zum handel gewessen weren, dan sie der sachen sonders begirig, also daß die hauptleuth grosse muhe hetten, biß sie solche wider abthedingten, damit sie in der statt blieben, dan man die burger ausserhalb der benenten nitt auß der statt lassen wolt. Also ließen die hauptleut die geordneten stohn und verschuffen, waß noch vor schutzen in der statt weren, daß die alle gegen der schantz auff die thurn und mauern khemen und bests vleiß auff-merckens haben, wo die feindt auß irem leger uffbrechen, daß sie in irem furnemen ubereilen wolten, daß sie alßdan ir geschutz in sie richten, damit sie vor den feinden endschut und ohn schaden wider in die statt khommen möchten. Die andern solten der thor und ires beschaidts auch in der ordnung warten, wo zu retten noth were, das sie gerust weren.

29. AUFSTELLUNG ZUM AUSFALL

Als die Glocke Sieben geschlagen hatte, war jedermann mit seinen Waffen auf dem Markt und wartete auf die Befehle der Hauptleute. Sie kamen und teilten zuerst den „Verlorenen Haufen" mit fünfhundert Mann ein. Darunter war kein Bürger, sondern nur einfache und wenig bewaffnete Landsknechte. Mit einer Gruppe ***Handschützen*** auf jeder Seite schickten sie den „Verlorenen Haufen" zum ***Gottesackertor***. Danach kamen siebzig Bürger mit ihren Wehren in eigener Ordnung, so gut diese halt aufgestellt werden konnten. Erst darauf folgte der „Gewaltige Haufen" der Angreifer in der Stärke von tausend Landsknechten. Alles ausgesuchtes und von seiner Erscheinung rechtschaffenes Kriegsvolk mit Harnisch, Handwaffen und allem ausgerüstet, wie es damals der Brauch war. Weil man außer den aufgestellten siebzig Bürgern keinen aus der Stadt lassen wollte, machte es den Hauptleuten große Mühe, sich einschleichende Bürger, die darauf begierig waren, auch zur Schlacht zu kommen, wieder aus der Ordnung herauszuholen und sie davon zu überzeugen, doch in der Stadt zu bleiben. Während schon alles aufgestellt war, schickten die Hauptleute alle Schützen, die noch in der Stadt waren, auf Turm und

Mauer zur Schanze hin. Die sollten den Feind aufmerksam beobachten. Sollte der Feind aus seinem Heerlager aufbrechen, um sie anzugreifen, sollten sie ihre Geschütze auf die Angreifer abfeuern. Die Schüsse würden die Kurpfälzischen vor den anrückenden Württembergern warnen und den eigenen Mannen den Rücken freihalten, um ohne Schaden wieder in die Stadt zu kommen. Alle anderen sollten bei den Toren aufgestellt bleiben und auf Befehl der Hauptleute warten, um im Notfall einzugreifen. Zuletzt wurden etliche Bürger mit ihren Knechten und Pferden bestimmt, die Kanonen und alle sonstigen Geschütze in der Schanze anzuseilen und in die Stadt zu bringen.

30. **ERMAHNUNG DER HAUPTLEUTE**

Als nun alles aufgestellt war und jeder Bescheid wusste, was er zu tun hatte, traten die Hauptleute zum „Verlorenen Haufen“. Sie machten ihnen Mut, hießen sie wie fromme, ehrliche Kriegsleut beten und erklärten ihnen, wie sie männlich die Schanze einnehmen sollten. Die in der Schanze seien nur zwei- bis dreihundert Mann stark und ihr Heerlager weit entfernt. Falls von dort jedoch ein Haufen einschreiten wollte, blieb genug Zeit, unter dem Feuer der eigenen Geschütze hindurch, in die Stadt zurückzukehren. Ohne Zweifel würde ihr Ausfall glücklich enden und sie damit zu Ehre und Gut gelangen. Die Landsknechte waren guter Dinge.

Danach redeten sie mit den zum Zug beorderten Bürgern. Die brauchten keinen Zuspruch, denn deren größter Antrieb, ihr Sinnen und Trachten war nur, sich an den Feinden zu rächen. Die Hauptleute wünschten den Bürgern Glück, befahlen die Feinde nicht zu verschonen, warnten, sich nicht zu weit hinauszuwagen, weil dies keinen Vorteil bringe. Den „Gewaltigen Haufen“ schickten sie zum Gottesackertor. Die sollten dort vor, im und bei dem Tor Aufstellung nehmen. Sollte der „Verlorene Haufen“ von den Feinden überrannt werden, sollten sie mit zwei fahrbaren Geschützen dessen Rückzug decken.

31. AUSFALL

Als die Glocke acht Uhr geschlagen hatte, war alles Notwendige, bis auf die Ausgabe einer Losung, vorbereitet. Planen von Marktständen wurden jetzt noch zwischen Haupt- und Vor-Tor des Gottesackertores in Richtung der Schanze gehängt. Dadurch konnte man die Kurpfälzischen nicht hinausziehen sehen.

Alle schlichen sich jetzt stillschweigend hinaus. Durch den Hohlweg neben den Krautgärten ging es hinauf in Richtung Eberhart Metzgers ***Garten,*** hinter dem in der Nähe des Pfeifer Turms die Schanze lag.

Erst als der Feind auf sie aufmerksam wurde, fingen sie in aller Stille an zu laufen. Sie überrannten die Schanze mit einer solchen Geschwindigkeit, dass sich niemand zur Wehr setzen konnte. Erst jetzt gab es Lärm durch Schießen, Schlagen, Stechen und das jämmerliche Geschrei der Belagerer, die völlig unvorbereitet überrannt wurden.

Einige spielten, andere klopften sich das Ungeziefer aus den Kleidern, andere brachten die Geschütze in Ordnung und nur wenige waren in der Lage, Gegenwehr zu leisten. In der Eile war auch keine Ordnung in ihre Reihen zu bringen. Der eine schrie dies, der andere das. Etliche wollten flüchten, der Schrecken war aber so groß, dass nur wenige davonkamen.

Damit kann zusammengefasst werden: Wer nicht in Gnaden gefangen wurde oder davonlief, wurde erstochen.

Eng neben dem Kriegsvolk ritt Erpf Ulrich von Flehingen, der Hauptmann der Reiter, mit ungefähr vierundzwanzig Berittenen. Weil sie so wenige waren, konnten sie sich nicht zu weit vom Hauptfeld entfernen. Als die Reiter aber auf eine württembergische Tagwache, mit dem Hauptmann Wolff Schenck, aufmerksam wurden, setzten sie ihr nach. Den Reitern, den Geschützen von den Türmen und Mauern sowie dem anstürmenden Fußvolk konnte die Tagwache nicht standhalten und so begann sie zu weichen und zu fliehen.

Unterdessen ging ein Schlosserknecht aus der Stadt mit zuvor vorbereiteten langen, stählernen Zapfen zu den Kanonen, die nicht weggebracht werden konnten, und schlug mit einem mitgebrachten Hammer diese Zapfen in die Zündlöcher. Am selben Tag konnte mit diesen Kanonen nicht mehr geschossen werden.

32. DER FELDPATER

Ein Sprichwort sagt, dass selten ein Spiel ohne einen Mönch läuft. So war es auch dieses Mal. Ein Mönch des Predigerordens war in der Stadt. Der lief mit dem Kriegsvolk hinaus und nahm den Verwundeten und Sterbenden die Beichte ab, sprach ihnen Trost zu und vergaß sich dabei selbst nicht. Er bettelte um Geld für die Absolution. Was nicht freiwillig gegeben wurde, nahm er sich. Es wird erzählt, dass er fast hundert Gulden in die Stadt brachte.

33. **EROBERUNG DER GESCHÜTZE**

Nicht weniger strengten sich die Bürger mit ihren Pferden vor den Geschützen an. Sie brachten eine Kartaune, eine Feldschlange und etliche Falkonetten in die Stadt. Herzog Ulrich verblieb eine Kanone in der Schanze. Die hieß ***Ketterlin von Ulm*** und war ihm von dort ausgeliehen worden. Das Ketterlin schoss einen übergroßen Stein nur wenig kürzer als eine Ladung Salz. Diese Kanone war so schwer, dass sie in der Eile nicht wegzubringen war. Die Bürger hatten nur Ketten, um die Kanonen anzuseilen, doch die Kanone war eingegraben. Obwohl sie alle ***Pferde*** zusammenspannten und sich abmühten, zersprangen die Ketten, sobald sie anziehen ließen.

Gemeinhin sagt man, wer zu viel will, wird nur wenig bekommen. So geschah es auch hier. Hätten sie sich nicht so um das Ketterlin gekümmert und ihre Mühe für die einfachen Geschütze aufgewendet, der größte Teil der Geschütze hätte in die Stadt gebracht werden können.

34. SCHRECKEN IM WÜRTTEMBERGISCHEN LAGER

Unterdessen drangen viele Feinde, die nicht im Heerlager, sondern bei Weißhofen lagen, in Richtung der Schanze vor. Als die aus der Stadt das sahen, merkten sie, dass sie nichts mehr zu versäumen hatten und gingen zurück in die Stadt. Etliche aus der Schanze flohen zusammen mit der Tagwache, die das Ausmaß des Unglücks in der Schanze erkannte, schnellstens zurück zum Heerlager, um den Vorfall anzuzeigen. Dies geschah mit so viel Geschrei und Todesangst, dass das gesamte Heerlager in Schrecken versetzt wurde. Von Stund an wurde ein Alarm nach dem anderen gegeben. Die Hauptleute hätten gerne für Ordnung gesorgt, doch der Schrecken war zu groß. Der eine lief hierhin, der andere dorthin, dieser ruft seinem Gesellen, jener klappert mit dem Harnisch und der eine fiel dem anderen über seinen Spieß oder seine Hellebarde. Aus einer Unordnung entstand die nächste. Die Reißigen ritten hin und her, bis alles in Reih und Glied stand. Alle ***Wagen*** in und beim Lager wurden hinausbefohlen, um eine Wagenburg um das Lager herum zu errichten. Die Hauptleute glaubten, im Heerlager genauso überfallen und geschlagen zu werden, wie die in der Schanze. Die Mannschaften blieben aufgestellt, bis man wusste, wie die Sache in der Schanze ausgegangen war, was auch bald geschah.

35. VERWIRRUNG DURCH DIE KLEIDERFARBE

Zu dieser Zeit war es Brauch, dass man dem Landvolk, das in den Kampf sollte, kurze Röcke gab, die gerade das Gesäß bedeckten.

Die Brettener hatten einen roten Rock mit blauem Ärmel. Das württembergische Volk hatte ebenfalls größtenteils rote Röcke. Deshalb waren sie nur an den vielen unterschiedlichen Farben ihrer Ärmel zu unterscheiden. Die aus Gruningen hatten grüne Ärmel. Die aus Blaubeuren hatten genauso wie die Brettener einen roten Rock mit blauen Ärmeln. Außerdem gab es in Bretten und bei den Württembergischen jeweils ein Fähnlein in Braun mit Weiß, sodass sie sich nicht nur in der Bekleidung, sondern auch in Farbe und Fahne ähnlich waren.

Viel Volk war außerhalb der Lager in Richtung Weißhofen und im Weißhofer Tal unterwegs. Die hörten zwar alle das Kampfgeschrei und sahen viele Leute vor der Stadt hin- und herlaufen, wussten aber nicht, was in der Schanze geschehen war.

Zusätzlich von der Bekleidung mit den roten Mützen und den roten Röcken und dem Fähnlein in den gleichen Farben verwirrt, glaubten sie, die Stadt sei im Sturm eingenommen. So liefen sie denen aus der Stadt, die sich schon auf dem Rückweg befanden,

zu und wurden in der Eile unter die Landsknechte gemischt. Denn es gab weder eine Aufstellung noch, wie schon angemerkt, eine Losung. Zudem sahen die Württembergischen die Ihren im Lager aufbrechen und gegen die Stadt ziehen. Sie wussten nicht, dass die, die zur Stadt zogen, Pfalzgräfische waren und nicht die Ihren, die die Stadt eingenommen hatten. Als aber die Kurpfälzischen zur Stadt zurückkehrten, weil der Feind nachzog, gab es ein solches Gedränge, dass jeder, der dazwischen kam, mit musste. Ob er nun wollte oder nicht.

So kamen über dreißig württembergische Feinde in die Stadt, weil sie glaubten, die Stadt eingenommen zu haben. Von denen wurden viele schwer verwundet, größtenteils aber gefangen. Einzelne merkten, dass die Stadt nicht eingenommen war. Sie schlichen sich in aller Eile zum bei Tag immer geöffneten Unteren Tor hinaus und kamen ohne Schaden davon.

36. ANSTURM DER WÜRTTEMBERGER

Angeführt von den Reitern und gefolgt vom Fußvolk zogen jetzt die Württemberger aus dem Heerlager vor die Stadt. Die Verteidiger auf den Türmen, Mauern, Bollwerken und Wehrgängen aber waren gut vorbereitet. Gerußt vom Nichtstun beschossen sie die Angreifer jetzt dermaßen heftig und hielten sie davon ab, denen aus der Stadt weiter zu folgen. Die Württembergischen hätten der Stadt jetzt erheblichen Schaden zufügen können, wenn sie mit Ernst nachgerückt wären und das heillose Durcheinander wegen des Siegestaumels ausgenutzt hätten.

Aber Gott, der das Glück und den Sieg den Pfalzgräfischen zuteilte, verhinderte in seiner Gnade, dass keinem von ihnen bei dem Scharmützel etwas geschah, während von den Württembergischen etwa 250 erschlagen wurden. Ein württembergischer Reiter namens Lützle eilte auf einem Schimmel heran. Sein Pferd kam so ins Galoppieren, dass er es nicht mehr herumreißen konnte und es ihn bis zu den ***Krautgärten*** unter die Pfalzgräfischen hinein trug. Conradt von Sickingen war nicht weit davon entfernt und wollte ihn lebend, was aber nicht möglich war. Die Landsknechte empfingen ihn mit ihren Spießen und hoben ihn aus dem Sattel, worauf alsbald sein Leben endete.

37. **RÜCKZUG DER BESATZUNG**

Fröhlich und mit großer Beute kamen die Pfalzgräfischen in die Stadt zurück und brachten 41 Gefangene mit. Sie wurden ebenso wie die Württembergischen, die in der Meinung, gewonnen zu haben, in die Stadt gekommen waren, geschätzt. Es war jedoch größtenteils nur einfaches Landvolk. Freudig und gelobt, wie ein Jagdhund, der das Wildbret reißt, wurden die Bürger und Landsknechte dadurch erst richtig lustig und begierig auf den Krieg.

Am selben Tag wurden aber nur noch die Wehrgänge besetzt und Wachen aufgestellt. Der Feind ruhte ebenfalls, bis er die Zapfen aus den Kanonen entfernt und andere Büchsenmeister an die Geschütze beordert hatte.

Erst am anderen Abend begannen sie, so gut sie es noch konnten, mit dem erneuten Beschuss der Stadt. Bis zum Tag vor Mariä Heimsuchung, „Unser Frauen Abend Visitationis", wurden allein 335 Schüsse gezählt. Wegen des starken Beschusses glaubten viele, Herzog Ulrich wolle das Spiel aufs Neue beginnen.

Unter den Schüssen waren auch ***Brandgeschosse***. Drei davon trafen krachend die Stadt. Das erste fiel zum großen Glück in den Brunnen am Markt, erlosch im Wasser und richtete keinen Schaden an.

Das zweite fiel in die Gasse bei der unteren Kirchstaffel. Darüber wurde eilends ein Kessel gestürzt, damit auch dieses keinen Schaden anrichten konnte. Das dritte fiel beim großen Bollwerk neben dem Weißhofer Tor in den Stadtgraben und konnte so auch keinen Schaden anrichten.

Das erschreckte die Bürger wegen der heißen und trockenen Zeit und des wenigen Wassers in der Stadt dermaßen, dass sie sich beim Wachen noch mehr Mühe gaben und überallhin Löschwasser brachten.

38. UNTERHANDLUNG DES FRIEDENS

Als der Krieg am heftigsten tobte, gab es wie öfter eine Lösung. Am Tag Mariä Heimsuchung wurde ein ***Frieden*** unterschrieben. Beide Seiten sollten sich ruhig verhalten. Da alle dem Frieden nicht zu viel trauten, blieben beide Seiten kampfbereit. Zwischenzeitlich kam Herzog Ludwig, Pfalzgraf, Herzog von Bayern, des Kurfürsten Sohn und, nach dem Tod seines Vaters Kurfürst, selbst in das Heerlager Herzog Ulrichs und handelte mit ihm den Frieden aus. Danach ritt er sogleich in die Stadt. Er besichtigte die zerschossenen Türme und Mauern. Die in der Eile gebauten Basteien, Gräben und Aufschüttungen gefielen ihm sehr.

Für das gemeine Volk war es befremdend und zuwider, dass mit Herzog Ulrich Frieden geschlossen war. Sie hatten alles zum Sturm vorbereitet und gerüstet. Sie fühlten sich stark genug und wollten, dass Herzog Ulrich die Stadt noch einmal angreife, um ihr Mütlein an ihm zu kühlen und sich am Feind zu rächen. Das wurde dem Fürsten Herzog Ludwig mitgeteilt. Weil aber sein Herr Vater, der Kurfürst, sich an anderen Orten mehr als hier zu wehren hatte, wollte Ihre Fürstliche Gnaden die Sache nicht nur dem bloßen Glück anvertrauen. Man hatte sich darauf geeinigt, dass Herzog Ulrich mit seinem Heer, am achten Tag nach dem Angriff auf die Schanze, abziehen werde. Da der nicht sieglos nach Hause wollte, zog er vor Besigheim und nahm es ein. Danach zog er vor Weinsberg und nahm Stadt und Schloss ein, danach nach Möckmühl, das er ebenfalls einnahm. Über diese Nachrichten wurden die Brettheimer erst richtig zornig. Herzog Ulrich hatte Bretten achtzehn Tage lang beschossen und dreiundzwanzig Tage belagert, ohne die Stadt anzugreifen und zu stürmen. Das einfache Volk wollte ihm auf freiem Feld, Mann gegen Mann, gegenübertreten, hatte er doch annähernd fünfhundert Mann vor der Stadt verloren. Die Toten wurden würdig in den Kirchhöfen von Gölshausen und Weißhofen begraben. Die Gefangenen wurden teuer geschätzt, sodass viel Lösegeld floss, sie jedoch alle mit dem Leben davonkamen.

39. VERLUSTE AUFSEITEN DER BELAGERTEN

Dagegen kamen nicht mehr als zwei Bürger von Bretten um. Einer namens Hans von Stocken wurde auf dem Leyerturm erschossen, und einer, der Schlegel genannt wurde, ist auf der Mauer beim Pfeifferturm erstochen worden. Ansonsten wurden vierzehn Personen außerhalb der Bürgerschaft gezählt, die vor und in der Stadt bei Scharmützeln und anderweitig ums Leben kamen. Sonst weiß man von niemandem mehr, es sei denn, jemand, der nicht im Sold stand und nicht gemeldet war, das ist bei solchen Kriegen nicht ungewöhnlich.

40. ENDE DES KRIEGES

Der Krieg unter allen vorgenannten Fürsten ging beinahe den ganzen Sommer. Auf Anregung etlicher Fürsten, auch des Kurfürsten selbst, wurde der Waffenstillstand und der Frieden beim Reichstag vor dem römischen König Maximilian verhandelt. Nachdem alle Seiten gesprochen und befragt waren, ließ der römische König nachfolgendes Mandat an die Fürsten ergehen:

„Wir Maximilian von Gottes Gnaden Römischer König, zu allen Zeiten etc. bekennen, daß wir die Verwirrung und den Streit der durch die zurückliegenden Waffengänge zwischen dem hochgeborenen Philipp, Pfalzgrafen bei Rhein und Herzog in Bayern etc. unserem lieben Onkel, seinen mutigen Helfern, Anhängern, Untertanen und Verwandten einerseits und den Herzögen Alexander Pfalzgraf bei Rhein und Herzog in Bayern, Friedrich Markgraf von Brandenburg in Stettin, Pommern, etc. der Kaschuben und Wenden Herzog, Burggraf, von Nürnberg in Bayern und Fürsten zu Rügen, Ulrich Herzog von Württemberg und Teck etc. und Graf von Mömpelgard, Wilhelm Landgraf zu Hessen, unseren lieben Schwägern, Onkeln und Fürsten, auch den uns und dem Reich lieben und getreuen Bürgermeistern und dem Rat der Stadt Nürnberg und ihrer Verwandten römischen Rechts, dem Schwäbischen Bund, seinen Helfern, Anhängern, Untertanen und Verwandten andererseits für beide Seiten hier und jetzt aufheben. Alle Fehde und Feindschaft, die sich zwischen allen Teilen zutrug, sei aufgehoben und abgegolten. Keinem Teil gestatten wir, gegen den anderen deshalb im Unguten etwas zu unternehmen, noch es ihren Anhängern zu erlauben. Wer auch immer unter ihnen sich um des Kriegsverlaufs und der Ereignisse dabei dem Friedensspruch nicht beugen will, soll vor uns als Römischen König ihren rechten Herrn und gerechten Richter treten, wie es sein Recht ist.

Wir haben auch alle Erklärungen, mit denen wir den genannten Pfalzgrafen Philipp, seine Helfer, Anhänger, Untertanen und Verwandten in die Rechtsacht und sogar in die Oberacht gegeben haben, für jetzt zurückgenommen.

Ebenso soll die Frage der Brandschatzungen und die Frage der Gefangenen, für beide Seiten, bis zur abschließenden Entscheidung durch die oben genannten Rechtsverfahren aufgeschoben sein.

Datum etc.

So endet dieser Krieg. Obwohl danach viel darüber nachgedacht wurde, hielten sich alle Parteien an diesen Frieden. Den wolle uns Gott immer erhalten. AMEN.“

41. **FRIEDEN**

Am 2. Juli 1504 handelt Herzog Ludwig im württembergischen Heerlager den Waffenstillstand aus. Der Vertrag wird am 4. Juli geschlossen. Bretten und Maulbronn, das ganze Oberamt Bretten sind damit „gefriedet und in Ruhe“.

* * *

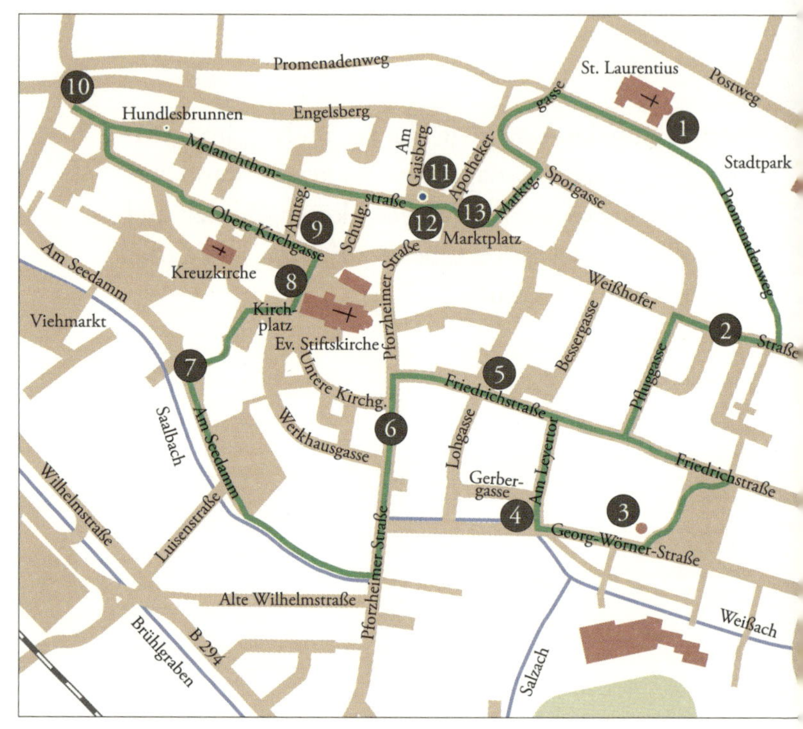

Scan mich ...

und du hast den Spaziergang auf deinem Handy!

KLEINER SPAZIERGANG ZU DEN SCHAUPLÄTZEN DER CHRONIK IN 13 STATIONEN

STATION 1

SCHANZE

In der Folge des Landshuter Erbfolgekrieges hatte Herzog Ulrich von Württemberg der Kurpfalz den Krieg erklärt, griff Brettheim an und belagerte es. Die Stadt hatte große strategische Bedeutung als Kreuzungspunkt zweier wichtiger ***Handelsstraßen***. Am 11. Juni 1504 zog er mit einem Heer von etwa 30.000 Mann nach Bretten, um die Stadt einzunehmen. Er kam aus Richtung Gölshausen und ließ in kürzester Zeit eine große Schanze auf der Höhe im

Nordosten der Stadt errichten. Vom heutigen „Im Schänzle“ aus begann er mit schweren Geschützen einen so heftigen Beschuss, dass *„die ganze Stadt erbebte. Man konnte vor lauter Staub, Rauch und Dampf den anderen kaum mehr sehen“*, erzählt die Chronik.

STATION 2

WEISSHOFER TOR

Der Weißhofer Torturm stand an der Kreuzung von Weißhofer Straße und Mönchshofgasse. Er lag den Belagerern zugewandt und war deshalb besonders gefährdet. Dennoch unterhielt sich dort Conradt von Helmstatt über die Mauer hinweg mit den Feinden. Landsknechte, die das hörten, machten ihm deswegen große Vorwürfe. Wäre er kein Edelmann gewesen,

hätten sie ihn wohl über die Mauer geworfen. Obwohl er fortan nicht mehr auf die Mauer ging, war er bei niemandem mehr gern gesehen. Hier kamen durch den Beschuss der Belagerer auch zwei Landsknechte zu Tode, was in der Folge zu einem Aufstand und fast zur Meuterei geführt hätte. Weil man am Weißhofer Tor am ehesten einen Durchbruch der Württemberger erwartete, bauten die Verteidiger dort eine Fallgrube. Das Innere des Grabens war mit angespitzten Zaunpfählen, die gegeneinander zeigten, gespickt. Dazwischen lagen mit Schwefel und Pech getränkte Strohräder, die man bei einem Durchbruch anzünden konnte. Zusätzlich wurde eine große Anzahl von Fußeisen gelegt. Damit sah man sich bestens gerüstet für den Fall der Fälle.

STATION 3

SIMMELTURM

Der Simmelturm war der südlichste Punkt der Stadtbefestigung. Er wurde zwischen 1350 und 1400 erbaut, ist auf Eichenpfählen gegründet und diente als Gefängnis. Am Bogenfries sind neben verschiedenen Wappen sechzehn Fratzenköpfe zu sehen, zur Abschreckung. Die runde Form gab ihm seinen Namen – sinwel oder simmel bedeutet rund. Am Turm vorbei führte eine wichtige Handelsstraße von Ulm in die Stadt. Wegen des Krieges aber waren die Straßen

wie leer gefegt, Handelswaren kamen nicht nach Brettheim, auch keine Stoffe. So entwickelte sich in jenen Tagen in Brettheim ein ganz besonderer Modetrend: Barchent mit blauen Streifen. Und das kam so: Es war sehr heiß und die Edelleute wollten sich leichte Sommerüberkleider anfertigen lassen. Deswegen nahm man *„Kelsch, eine besondere Art von Barchent mit blauen Streifen, aus dem man für gewöhnlich Bettzeug nähte“*. Die übrigen Bewohner Brettens taten es den Edlen gleich, damit sie sich bei einer Erstürmung der Stadt nicht von den Edlen unterschieden. Sie befürchteten, dass sonst die Edlen verschont und die übrigen Bürger getötet werden könnten. Damit taten sie dem Vogt und den Seinen aber gänzlich Unrecht, denn diese setzten sich über die Maßen für Bretten und seine Bürger ein.

STATION 4

GERBERHAUS

An den noch heute erhaltenen Stadtmauerresten entlang führt der Weg zum Gerberhaus mit Leyertor. Die Bezeichnung Leyer kommt von Löher: Gerber, der Mann, der mit Lohe (Gerbsäure) zu tun hat. Das Tor war klein und diente nur dazu, den Gerbern einen direkten Weg zum Wasser zu ermöglichen, wo sie ihre Felle spülen konnten. Das Gerberhaus lehnte sich an die Stadtmauer an. Wegen des Gestanks in den Gerbereien verlegte man dieses Handwerk meist an den Rand der Siedlungen und Städte. Der dortige Torturm war Teil der Stadtbefestigung. Aus dieser Richtung war jedoch nicht mit einem Angriff zu rechnen, da die Bachaue sumpfig und nur schwierig zu durchschreiten war. Dennoch oder gerade deswegen erreichten durch dieses Tor Landsknechte zur Verstärkung die Stadt, unbemerkt von den Belagerern.

STATION 5

ANDRIS DER BADER

Andris, ein Bader aus Sulzfeld, vereitelte ohne Wissen und Wollen einen Erfolg versprechenden Angriff der Belagerer. Brettheim war eigentlich schon sturmreif geschossen. Wie gewöhnlich war der Bader an diesem Morgen auf die alte Stadtmauer hinter seinem ***Badhaus*** bei der Lohgasse gestiegen. Fast nackt, nur mit einem einfachen Hemd und einem Baderhut bekleidet, schlug er auf sein Wasserbecken und rief seinen traditionellen Baderruf: *„Ins Bad, ins Bad – das Bad ist warm und eben recht“*. Das hörten die Feinde und bezogen es auf sich. Sie glaubten sich verraten und dachten, die Verteidiger stünden zur Abwehr und zum Gegenangriff bereit. So bliesen die Belagerer ihren Angriff ab, noch bevor sie sich richtig formiert hatten.

STATION 6

SALTZHOFER TOR

In Bretten weilten während der Belagerung auch Edelleute aus der Umgebung und sogar aus den Niederen Landen, vom Oberrhein. Einer davon war Erpf Ulrich von Flehingen, jung und übermütig. Ungefähr an der Kreuzung von Werkhausgasse und Pforzheimer Straße stand das Saltzhofer Tor. Von dort ritt er täglich hinaus vor die Mauer, um die Feinde zu reizen. Und es kam immer wieder zu Scharmützeln zwischen dem Edlen und den feindlichen Söldnern. Als die Württemberger seine Gewohnheiten durchschauten, stellen sie ihm eine Falle. Nur mit Gewalt sowie einer gehörigen Portion Glück konnte Erpf Ulrich sich und seine Begleiter, darunter Hans Entenkopf von Neibsheim, der Ulrich als Armbrustschütze zur Seite stand, hinter sichere Mauern retten.

STATION 7

SAALBACHTAL

Das Saalbachtal bildet eine feuchte Niederung unterhalb von Brettheim, die vom TV Bretten bis zum neuen Rathaus reichte. Am neunten Tag der Belagerung kam durch das Tal Verstärkung von Heydolfesheim (Heidelsheim). Bis zum Morgengrauen gelangten 1.500 gut bewaffnete Landsknechte durch das kleine Leyertor unbemerkt in die Stadt, weil die Belagerer diese Seite nicht einsehen konnten. Der Kurfürst hatte die zusätzlichen Landsknechte geschickt; ihr Hauptmann war Hans von Hattstatt. Sie brachten so viel Geld mit, dass jeder Söldner bezahlt werden konnte, auch die aufrührerischen Landsknechte, die darob beschämt waren: *„Sie mussten ihre ... Schande eingestehen, die ihnen bis heute nicht verziehen wurde"*, schrieb der Chronist (s. a. STATION 9).

STATION 8

GARKÜCHE

Kurfürst Pfalzgraf Philipp hatte die Stadt Brettheim mit Geschützen, Pulver und Blei bestens versorgt. Auch an Verpflegung fehlte es nicht. Unterhalb des Steinhauses, dem heutigen Amtsgericht, führt eine kleine Tür (links) auf halber Höhe der Steingasse in einen Garten. Dort hatte man eine Garküche errichtet, wo sich jeder täglich zu essen holen konnte (s. dazu Fotos S. 32). So war man auf Angriff und Belagerung rechtzeitig eingestellt und bestens gerüstet. Bürger aus Brettheim und den Nachbarorten hielten auf den Mauern Wache. Landsknechte unterstützten sie bei der Verteidigung der Stadt. Sie alle konnten hier versorgt werden.

STATION 9

AMTHOF – AMTHAUS –STEINHAUS

Das Steinhaus ist das heutige Amtsgericht. Von dort aus organisierte Junker Conradt von Sickingen, der Vogt von Brettheim, die Verteidigung der Stadt. Dabei kam ihm seine hervorragende Ortskenntnis zugute. Seine Arbeit erledigte er mit solch großer Sorgfalt, dass er weder zum Schlafen noch zum Essen kam. Conradt hatte Freunde und Verwandte im feindlichen Heer. Aber jeder wusste sich seinem (Kriegs-)Herrn verpflichtet und hielt ihm die Treue.

Im Amthof, direkt oberhalb des Amthauses, war es auch, wo der Vogt mithilfe von Oberst Marsilius

von Reiffenberg einen Konflikt unter den Landsknechten aus Schedels Haufen überwand und so letztlich eine Meuterei verhinderte: Die Kämpfer hatten seit geraumer Zeit keinen Sold mehr bekommen und machten sich die Zwangslage in Brettheim zunutze, um ihrer Forderung nach Geld Nachdruck zu verleihen. Aber bewaffnete Bürger und Ritterschaft mit ihren Wehren zeigten so starke Präsenz, dass die Landsknechte einlenkten und nach hitzigen Verhandlungen ein Angebot des Vogtes annahmen – wenn auch murrend und knurrend. Letztlich war es auch eine Frage der Landsknechtsehre, treu zu sein und die Stadt Brettheim nicht im Stich zu lassen, obwohl einige „treulose Gesellen“ versuchten, „ihr eigenes Süppchen zu kochen“ und aus der Situation Kapital zu schlagen.

STATION 10

GOTTESACKERTOR

Die zusätzlichen Kämpfer aus Heydolfesheim gaben den Belagerten neuen Mut und sie beschlossen, am Gottesackertor einen Ausfall zu wagen. Am Ende der Fußgängerzone steht heute ein stilisiertes Tor, um an das historische Bauwerk zu erinnern. Die Straße zum Gottesackertor wurde mit Planen verhängt, damit die Belagerer die Vorbereitungen nicht sehen konnten. Die Kirchturmuhr schlug morgens acht Mal, als die Aktion heimlich begann. Als die Beobachter der Belagerer die Bewegung bemerkten, war es zu spät. Es traf sie wie ein Blitz aus heiterem Himmel. Mit Geschrei überrannten 70 Bürger mit dem „Verlorenen Haufen" die Schanze. Das Durcheinander bei den Feinden nutzte der „Gewaltige Haufen" und fuhr mitten zwischen die Belagerer.

STATION 11

HAUS VON JOHANN REUTER

Ein Mord in der Nähe des Marktbrunnens und die anschließende spektakuläre Flucht des Täters führten zu einem weiteren Aufruhr in der kriegsgeplagten Stadt Brettheim. Clarius Einhart aus Weingarten erstach dort mit einem Sauspieß einen aus dem Oberen Reich, der heutigen Gegend um Offenburg links und rechts des Rheins. Daraufhin flüchtete er durch die Vordertür des Hauses von Johann Reuter, dem heutigen Melanchthonhaus, aus der Stadt. Viele hatten auf dem dichtbevölkerten Marktplatz diese Tat beobachtet. Die Leute aus dem Oberen Reich kamen mit großem Geschrei herbei und forderten die Herausgabe des Mörders. Clarius aber, der Täter, lief geradewegs zu Reuters Hintertür wieder hinaus, schlich sich durch das tagsüber geöffnete Saltzhofer

Tor aus der Stadt und verschwand unbemerkt. Die vom Oberen Reich wollten, dass Johann Reuter den Mörder herausgab. Dieser Aufforderung konnte er natürlich nicht nachkommen und so kam es zum öffentlichen Aufruhr. Unter Gewaltandrohung musste er sein ganzes Haus durchsuchen lassen, alle Räume vom Keller bis zum Dach, alle Truhen, Kisten und Schränke. Als sich herausstellte, dass dem Mörder die Flucht gelungen war, mussten die vom Oberen Reich wieder abziehen, unverrichteter Dinge, voller Zorn und Trauer.

STATION 12

MARKTPLATZ MIT BRUNNEN

Der Marktplatz mit seinem Brunnen war auch während der Belagerung der zentrale Ort in der Stadt, wo sich die Bürger und Landsknechte trafen, wo es Neuigkeiten über die Belagerer zu erfahren gab, wo mancher Streit ausgefochten wurde und wo sich der Ausfall formierte, der letztlich zum Erfolg führte und zum Abzug der Feinde. Der Brunnen lieferte Wasser zum Löschen der Brandgeschosse.

Am Freitag Mariä Heimsuchung sammelten sich am Marktplatz auf Befehl von Oberst Marsilius von Reiffenberg in den frühen Morgenstunden 70 Männer aus der Bürgerschaft Brettheims und der „Ver-

lorene Haufen“ mit 500 Mann an leicht bewaffneten Landsknechten sowie der „Gewaltige Haufen“ mit 1.000 Mann. Diese waren ausgesuchte, kampferprobte und von ihrer Erscheinung imposante Krieger mit Harnisch, Handwaffen und allem ausgerüstet wie es damals üblich war. Der Oberst schickte die drei Gruppen zum Gottesackertor, wo sie den Ausfall wagen sollten.

Zum Marktplatz kehrten die Kämpfer nach dem Ausfall zurück und hier wurde dann auch zum guten Ende der Friedensschluss bekannt gegeben, den man zuvor auf dem Reichstag verhandelt hatte.

STATION 13

HERBERGE VON ALBRECHT SCHEDEL

An der Ecke von Marktgasse und Marktplatz lag die Herberge des Landknechtshauptmannes Albrecht Schedel. Dort war es während der Belagerung zu einem heftigen Streit gekommen, da seine Landsknechte aus dem zurückliegenden Monat noch Sold zu bekommen hatten. Sie drangen heftig auf Albrecht Schedel ein und drohten damit, sich einen neuen Hauptmann zu suchen. Sie warfen Schedel vor, sich nicht um ihr Wohlergehen zu sorgen. Es war aber kein Geld in der Stadt, um die Landsknechte zu bezahlen und durch die Belagerung konnte auch kei-

nes hereinkommen. So sprangen wohlhabende Bürger der Stadt in die Bresche, unter anderen Johann Reuter, und boten den Landsknechten Geld und Güter an (s. a. STATION 9, Amthof, S. 106).

„Auf Anregung etlicher Fürsten, auch des Kurfürsten selbst, wurde der Waffenstillstand beim Reichstag vor dem Römischen König Maximilian verhandelt und der Friede am 4. Juli 1504 geschlossen. So endet dieser Krieg. Obwohl danach viel darüber nachgedacht wurde, hielten sich alle Parteien an diesen Frieden. Den wolle uns Gott immer erhalten. Amen.“

KLEINES A – Z ZUR CHRONIK

Bader, Badhaus

Das Badhaus stand in der Oppelochgasse, der heutigen Friedrichstraße, zwischen den Häusern 4 und 6. Der nördliche Teil der heutigen Lohgasse hieß auch Badgasse.

Barchent, s. Kelsch

Brandgeschosse

Brandgeschosse waren glühend gemachte Eisenkugeln, die hauptsächlich mit Mörsern abgeschossen wurden. Beim Laden wurde auf die Pulverladung ein Bleiklotz gelegt und darauf ein nasser Lappen, der ein vorzeitiges Entzünden der Ladung verhinderte. Eine andere Form der Brandgeschosse war eine eiserne Hohlkugel, die mit Pulver gefüllt und mit einer baumwollenen Lunte entzündet wurde.

Edelleute

Schwarzerdt benennt Conradt von Sickingen, Christoph von Helmstatt, Erpf Ulrich von Flehingen und Conradt von Helmstatt. Das Verzeichnis der von der Kurpfalz aufgebotenen Ritter und Knechte für Bretten im Reißbuch 1504 benennt weitere: Conrad Wyprecht; Reinhart Bastian; David Hans, Amtmann zu Kreuznach; Wilhelm, Amtmann zum Steinsberg; Stefan von Waldangelloch; Erpf

Swicker von Sickingen; Ludwig Hans von Venningen; Philipp, Eberhard und Peter von Ehrenberg; Markolff von Weikersheim zu Mauer; Wilhelm von Massenbach; Jörg von Neipperg zu Mauer; Matthias von Ramung; Orendel von Gemmingen; Philipp von Bettendorf; Philipp von Menzingen; Philipp von Neuhaus; Fritz Philipp Stormfeder; Peter Senolt; Wolff von Gütlingen; Bernhart Göler von Ravensburg; Wilhelm von Sternenfels; Eberts Sohn, Albrecht von Berwangen; Philipp von Baltzhofen; Eberhardt von Brandstein; Wolff Ulrich; David von Helmstatt; Utz Hag; Stoltz von Flehingen; Finck, Schultheiß zu Flehingen; Claus vom Wald und Veit Jörgen.

Frieden

Am 2. Juli 1504 handelt Herzog Ludwig im württembergischen Heerlager den Waffenstillstand aus. Der Vertrag wird am 4. Juli geschlossen. Bretten und Maulbronn, das ganze Oberamt Bretten sind damit „gefriedet und in Ruhe".

Garküche

Im Steinhaus, an der Stelle des jetzigen Amtshauses westlich von der Kirche, wurde auf Befehl des Kurfürsten eine Speiseanstalt eingerichtet, um die allgemeine Verpflegung während der Belagerung Brettens sicherzustellen.

Garten, Krautgarten

Feldordnung, Weidgangsordnung und die Waldordnung waren die ältesten Rechtssatzungen, die sich die Brettener

Bürgerschaft bereits um 1300 gab. Jeder Stadthaushalt betrieb für den Eigenbedarf eine Landwirtschaft oder hatte an einzelnen landwirtschaftlichen Bereichen seinen Anteil. Selbst die in Bretten anzutreffenden Großkaufleute des 14. und 15. Jahrhunderts – die Brettener Schultheißen, Pfarrer, Schulmeister, Stadtschreiber, Wirte oder Handwerker – betrieben ihre eigenen Gärten, waren also „Ackerbürger". Die Beamten, die bessergestellten Gewerbetreibenden und die Großbauern arbeiteten mit Knechten, Mägden, Dienstboten und Tagelöhnern.

Geschütze

Von den Württembergern wurden die Steinbüchsen „Rose" und „Murfel" aus dem eigenen Zeughaus, ein Geschütz aus Nürnberg und aus Ulm das „Ketterlin von Ulm" herbeigezogen. Diese Steinbüchsen / Mauerbrecher / Legstücke waren schwere, aus Bronze gegossene Geschütze. Die Murfel / Mauerfäll wog 63 Zentner, hatte ein 3,50 m langes Bronzerohr und bei einem Kaliber von 50 cm wog die Steinkugel 161 Pfund. Vergleichbare Geschütze befinden sich im Pariser Armeemuseum. Zum Transport waren 14 Pferde notwendig. Dazu kamen vierspännig gezogene Wagen für die 350 Steinkugeln, die Balken für die Bettung sowie 3 weitere Wagen für den Schirm. Zum Bedienungspersonal gehörten 8 Zimmerleute und 4 Steinmetze. Diese schweren Steinbüchsen konnten nur 1- bis 2-mal am Tag abgeschossen werden, weil das Rohr zuerst abkühlen musste. Die leichteren Geschütze wie Kartaunen, Feldschlangen und Falkonetten konnten ungefähr 18 Mal täglich abgeschossen werden. Für die 335 Schüsse am Tag nach dem Ausfall waren also ca. 22–25 Geschütze notwendig.

Das schwerste Geschütz bei der Verteidigung 1504 war der ***Balduff*** *(s.S. 114)*. Zum Balduff gehörten: 1 Wagen, 1 Steinbüchse, 8 Tonnen Pulver, 2 Tafeln Blei, 2 Fass mit Pfeilen und ½ Tonne Schwefelringe. Dieses Geschütz konnte nur an einem Tor eingesetzt werden, auf dem Wehrgang war kein Platz. Abgeschossen wurde der Balduff von Schmieden und Schlossern.

Gottesackertor

Das Gottesackertor, bis 1480 Diedelsheimer Tor, stand am Ende der heutigen Fußgängerzone in der Melanchthonstraße. Der Hauptteil des Tores bestand aus einem hohen Turm mit hohem Dach. Über einen Graben führte eine Brücke, die in einem kleineren Zwingerturm endete. Von hier aus führte eine ca. 2,50 m hohe, der Hauptmauer vorgelagerte Zwingermauer nach Süden und Norden. Der Raum zwischen der Zwingermauer und der Hauptmauer betrug 5 – 8 m. Der Hohlweg war der westliche Teil des Postwegs, der an der Stadt vorbeiführte und dazu diente, dass Fuhrwerke an der Stadt vorbeifahren konnten, wenn die Stadttore verschlossen waren. Der Hohlweg begann etwa Ecke Gartenstraße/Postweg und endete ungefähr beim Kindergarten. Es war ein tief eingeschnittener Weg, der von der Schanze her nicht eingesehen werden konnte.

Hack, Friedrich

Friedrich Hack, der Anführer der Weingartener, war der Stiefbruder des Brettener Schultheiß Hans Hack. Er war Keller in Weingarten, also der oberste Finanzbeamte. Weingarten hatte eine eigene Kellerei im Oberamt.

Handelsstraßen

Die wichtigste Straße durch den Kraichgau war die Rhein-Donau-Route. Sie überquerte den Rhein bei Rheinhausen und führte über Bruchsal, Heidelsheim, Bretten, Knittlingen, Maulbronn, Vaihingen, Cannstatt, Geislingen nach Ulm. Eine zweite Route führte vom Bodensee über Pforzheim und Bretten nach Frankfurt. Die dritte Straße kam vom Elsass und ging über Ettlingen, Bretten, Sulzfeld, Richen, Heilbronn bis Schwäbisch Hall und Nürnberg.

Handschütze

Landsknecht mit Handbüchse, Degen, Beil und Harnisch; wie die Spießer, aber ohne einen Schutz der Hände.

Handwerker

Armbruster, Bäcker, Bruchschneider, Buchbinder, Büchsenmeister, Drechsler, Färber, Gerber, Glaser, Goldschmied, Hafner, Hutmacher, Kannengießer, Kübler, Küfer, Kürschner, Kupferschmied, Maler, Manger, Maurer, Messerschmied, Metzger, Müller, Nestler, Orgelmacher, Plattner, Pulvermacher, Rotgerber, Säckler, Salpetersieder, Sattler, Schlosser, Schmied, Schneider, Schreiner, Schuhmacher, Schwarzfärber, Seiler, Tuchscherer, Wagner, Walkmüller, Weber, Wollweber, Zimmerer.

Haufen, Verlorener & Gewaltiger

500 einfache, wenig bewaffnete Landsknechte führten zusammen mit einer Gruppe Handschützen als „Verlorener Haufen" den Ausfall vom Gottesackertor aus an. Ihnen

folgten 70 Bürger mit ihren Wehren (Bürgerwehr) mit den von ihnen ausgerüsteten „Eigenen“ mit abermals 500 Mann. Zuletzt verließen 1.000 ausgesuchte Landsknechte, ausgerüstet mit Harnisch, Spießen und Hellebarden als „Gewaltiger Haufen“ die Stadt durch das Gottesackertor.

Hellebarde

Hellebarde, Degen, Beil und Harnisch wie die Spießer.

Kanonen, s. Geschütze

Keller

Keller ist der oberste kurpfälzische Finanzbeamte, im Rang nach Vogt und Schultheiß stehend. Seine Aufgabe war es, in Kellern und Scheunen die Naturalien zu verwalten. In den Kellern der Stadt Bretten wurden auf Befehl des Heidelberger Hofes 200 Malter Korn und Mehl, 320 Malter Dinkel, 2.400 Malter Hafer, 24 Malter sowie 14 Fuder Wein eingelagert. Als Fleisch gab es hauptsächlich Schaf. In den Krautgärten „Hinter dem Pfeifferturm“ wurden neben Kohl und Krautsorten auch Erbsen, Bohnen, Linsen, Rüben, Hanf, Gurken, Mangold, Lattich, Kresse, Sellerie, Petersilie, Karotten, Zwiebeln, Rettich, Roggen, Hafer, Dinkel und Gerste angebaut.

Kelsch

Kelsch ist ein Leinengewebe. Durch den Einsatz von blauen oder roten Fäden entsteht ein Streifen oder Karomuster. Typisch sind diese Stoffe für Tisch- und Bettwäsche.

Ketterlin von Ulm, s. Geschütze

Kloster

Maulbronn und Herrenalb, auch Frauenalb, hatten Besitz in Bretten. Zu Herrenalb gehörten 16 Herrenalber Höfe, Oberes und Unteres Steinhaus sowie mehrere Hofreitereien. Zu Frauenalb gehörte ein Haus mit Hof und Scheune und zu Maulbronn ein Haus in der Wolpenlochgasse und eine Scheune.

Krautgarten, s. Garten

Kriegswagen, s. Wagen

Kurfürstliche Pfalz (Kurpfalz)

Die Kurpfalz war ein Kurfürstentum des Alten Reiches. 1803 war sie von der politischen Landschaft verschwunden. Die rheinische Pfalzgrafschaft dehnte sich um die Residenzen Heidelberg und Mannheim nach Süden bis Seltz im Elsass, nach Norden bis Kaub am Rhein, nach Westen bis Kaiserslautern und nach Osten bis Mosbach aus. Sie war jedoch nie ein geschlossener Flächenstaat.

Landshuter Erbfolgekrieg

Herzog Georg der Reiche von Bayern-Landshut hatte kurz vor seinem Tod entgegen der gesetzlichen Regelung, dass bei einem Fehlen eines männlichen Nachfolgers das Erbe an das Stammhaus Bayern-München zurückfällt, seine Tochter und deren Ehegatten Pfalzgraf Ruprecht in das

Erbe eingesetzt. Hauptgegner der Kurpfalz waren neben Bayern-München der Kaiser, die Mitglieder des Schwäbischen Bundes und der Landgraf von Hessen. Württemberg, Mitglied des Schwäbischen Bundes, hatte unter seinem Befehlshaber Herzog Ulrich den Auftrag, die Kurpfalz bei Maulbronn und Bretten anzugreifen und zu erobern.

Marktplatz, Markt

Am 27. Dezember 1492 bekam Bretten das Recht, jährlich vier Jahrmärkte abzuhalten. Die Termine waren mit dem ersten Fastensonntag (im Februar), dem St.-Georgs-Tag (23. April), dem St.-Laurentius-Tag (10. August) und dem St.-Lukas-Tag (18. Oktober) festgelegt. Angeboten wurden Tuche, Kleider, landwirtschaftliche Werkzeuge, Haushaltsgeräte, Pelzwerk, Nahrungsmittel, Gewürze und alles andere, das in der Stadt nicht immer zu haben war.

Oberes Reich

Das Obere Reich ist das Oberland von Ortenberg bei Offenburg, links und rechts des Rheins.

Pferde

Für die 2.073 Transport-, Streit- und Speiswagen der Württemberger waren bei 2-, 3- bis 14-spänniger Fahrweise mehr als 6.000 Pferde notwendig.

Reuter, Hans

Hans Reuter war der Schwiegervater vom kurpfälzischen Rüstmeister Georg Schwarzerdt und damit der Großvater des Chronisten Georg Schwarzerdt und Philipp Schwarzerdt, dem späteren Melanchthon.

Schäfer

Bretten war dem Heidelberger Hof verpflichtet, stets 750 Schafe zu halten. Deren Zahl durfte auch bei Seuchen, Krieg und anderen Umständen nicht für längere Zeit unterschritten werden. Die Stadt hatte die Kosten für die Schäfer zu tragen und für Mensch und Tier Unterkunft innerhalb der Stadtmauern bereitzustellen. Die Schafhaltung sollte in erster Linie dazu dienen, die Güter des herrschaftlichen Bauernhofes durch das sogenannte Pferchen zu düngen. Die Abfolge der Pferche war genau geregelt. Die Schafe lieferten die Wolle für die Brettener Weber. Schaffleisch machte über 50 % des Fleischkonsums aus.

Schanze

Ulrich von Württemberg errichtete sein Hauptlager etwa 300 m hinter dem Pfeifferturm. Diese „Schanze", eine provisorische Befestigungsanlage aus 650 Schanzkörben, begann ungefähr beim Westeingang des Friedhofs und zog sich bis zur Hebelschule, in Höhe des Weißhofer Tores, hin. Unter der Voraussetzung, dass ein Schanzkorb 1 m breit war, müsste die Schanze mit den erforderlichen Lücken für die Geschütze etwa 700 m breit gewesen sein.

Schmeltzle, Jakob

Jakob Schmeltzle war, wie Hans Reuter, Tuch- und Fernhändler, d. h. Besucher großer Messen, und galt neben Reuter 1504 als vermögendster Bürger Brettens.

Schultheiß von Brettheim

Hans Lott, genannt der Hack, war Stellvertreter des Vogtes im Oberamt und in der Stadt.

Schwarzerdt Georg, Chronist

(Schwartzerd / Schwarzert / Schwartzerdt) geb. 1500 oder 1501 als drittes Kind des kurpfälzischen Rüstmeisters Georg Schwarzerdt. Er erlebte die Belagerung Brettheims als Vierjähriger. Der Privatlehrer Johannes Unger unterrichtete ihn zusammen mit seinem Bruder Philipp. Studium in Tübingen von 1514 bis 1518, das er schließlich abbrach, um nach dem Tod des Großvaters Reuter und seines Vaters, den geerbten Tuchhandel weiterzuführen. Anno 1518 Heirat mit Anna Hechel, Nachbarskind und Tochter seines späteren Stiefvaters, des Kronenwirts Melchior Hechel. 1531 Mitglied des Rates, 1540 Mitglied des Gerichts, 1541 Bürgermeister. Ab 1546 17 Jahre lang Schultheiß von Bretten.

Sickingen, Conrad(t) von

Das Geschlecht der Spethen, die hier als nahe Verwandtschaft des Stadtvogts Conradt von Sickingen bezeichnet werden, stammen alle aus dem Oberamt Kirchheim unter der Teck.

Stadt

Das 14. und 15. Jahrhundert war die Blütezeit in der Geschichte der Stadt Bretten. Neben Markt-, Stadt- und Münzrecht galt als das wohl größte Kapital der Stadt die günstige Verkehrslage am Schnittpunkt wichtiger Handelsstraßen. Bereits um 1500 galt Bretten als ein überaus wohlhabendes Gemeinwesen. 1504 hatte Bretten insgesamt 300 Häuser und damit 300 „hugesessene", was ungefähr einer Einwohnerzahl von 1.800 bis 2.000 Bürgerinnen und Bürgern entspricht. Damit konnten etwa 280 Bürger zur Verteidigung, meist als Mauerschützen, herangezogen werden. Bretten war nach der Residenz Heidelberg die größte Stadt im rechtsrheinischen Teil der Kurpfalz.

Stadtämter

waren: Bader, Brotschätzer, Bürgermeister, Gericht, Hirten, Schäfer, Kirchengeschworene, Kirchschaffner, Messner, Salzmesser, Schultheiß, Schulmeister, Schützen, Spitalpfleger, Stadtschreiber, Torwarte, Turmwächter, Waisenschaffner, Werkmeister, Mauerwächter, Ungelter, Amtsknechte, Brunnenknechte, Büttel, Diener, Holzgeber, Forstknechte, Spitalmeister, Tuchprüfer, Fleischbeschauer, Badknecht, Kerzenmeister, Keller, Unteramtmann, Zollschreiber, Schildwirte, Hühnerfaut, Schöffen, Turmbläser.

Stadthof

Neben der Kirche, nur durch die Steingasse getrennt, erhob sich der Wohnturm des „Steinhauses", dem Sitz des Vogtes. Dieses Haus war aus Stein gebaut, was zu jener Zeit als Besonderheit galt. Gegenüber lag der Bau- oder Fronhof, er diente der Versorgung des Ortsherren und war in dessen Besitz. Der Hof bestand aus Wohnhaus, Scheune, Ställen und einer großen Hofreite. Zwischen Bauhof und unterem Kirchplatz lag noch der städtische Zimmerplatz.

Stadtrecht

Am 20. November 1254 wird ein Kaufvertrag zwischen Ritter Diemo von Bretten und dem Kloster Maulbronn beurkundet. Darin wird Bretten als „oppidum“, d. h. als befestigte Siedlung, die Bürger aber bereits als „cives“, als Stadtbürger, bezeichnet.

Steger See

Der Steger See ist 1352 erstmals erwähnt und befindet sich auf Knittlinger Gemarkung in der Nähe der Brettener Gemarkungsgrenze an der alten Geleitstraße im heutigen Knittlinger Gewann Seeberg.

Steinhaus, s. auch Stadthof

Amtssitz der Brettener Vögte. Es stand an der Stelle des heutigen Amtsgerichts.

Unehrliche

Zu den „Unehrlichen“ zählen Henker, Büttel, Totengräber, Prostituierte, Zuhälter, Frauenwirt, Lochhütter (Mistmeister), Scheißhausfeger, Abortreiniger/Pappenheimer, Goldgrübler/Kotentferner, Abzieher, Abdecker, Reiber, Scherer, Schröpfer sowie unehelich geborene Kinder und fahrende Spielleute.

Verstärkung

Von Kurfürst Philipp angeworben, kamen 1.500 Landsknechte aus dem Sundgau, dem Elsass und dem Breisgau.

Verteidiger

Bretten und das Oberamt boten laut Conradt von Sickingen folgende Verteidiger auf: Bretten 50 Gewappnete mit Armbrust, Handbüchsen, Hellebarden und langen Spießen, 2 Rosswagen, 1 Speiswagen mit je 2 Knechten und 4 Pferden; Heidelsheim 40 Gewappnete mit Armbrust, Handbüchsen, Hellebarden und langen Spießen, 2 Reißwagen, 1 Speiswagen mit je 2 Knechten und 4 Pferden; Flehingen 4 Gewappnete, 1 Reißwagen mit 2 Knechten und 4 Pferden; Rinklingen 4 Gewappnete, 1 Reißwagen mit 2 Knechten und 4 Pferden. So standen 98 Gewappnete bereit. Dazu kamen weitere Bürger zur Bedienung der in der Stadt befindlichen Hacken- und Handbüchsen.

Vogt, Vögte

Die Entwicklung der Kurpfalz zu einem Territorialstaat machte die Unterteilung in Ämter und Oberämter notwendig. An deren Spitze standen Vögte bzw. Faute, zuständig für die Wahrung pfalzgräflicher Rechte. Sie verfügten über weitgehende Machtbefugnisse, genossen hohes Ansehen und gehörten fast alle dem Adel an. 1498–1502: Georg Göler von Ravensburg. 1504–1508: Conradt von Sickingen. 1508–1515: Erpf Ulrich von Flehingen.

Wagen, Kriegswagen

Ein Kriegswagen war ausgerüstet mit Leitern, Beinen (Flechten) und mit einer Decke oder Plane als Verdeck. Zu jeder Seite ein Fähnlein, das eine pfälzisch, das andere vom Amt oder von der Ortschaft, zu denen der Wagen gehörte. Zu jedem Wagen gehören ferner zwei Hängbretter, eine drei Klafter lange Kette, die nötigen Seile, zwei Schaufeln, zwei Bickel, zwei Karste, zwei Reithauen, zwei Narden oder Mulden, zwei Holzäxte, Diechbarn (kurze Balken), Stecken, Sicheln, Sense und ein starker Baumstamm von der Länge des Wagens.

Weißhofen

Weißhofen ist erstmals 1207 als Hofgut des Klosters Herrenalb erwähnt. 1543 verkaufte Herzog Ulrich als Rechtsnachfolger des Klosters Herrenalb 16 Hof-Güter an die Stadt Bretten. Das war das Ende des ehemaligen Dorfes.

Wirtshäuser

Zur Krone (Marktplatz), Zum goldenen Löwen (Melanchthonstr. 11), Zum Kreuz/Zum goldenen Kreuz (Marktplatz 11), Zum Mohrenkopf, Zum Geist/Zum heiligen Geist.

Württemberger Heer

Schwarzerdt spricht von einer Stärke von 30.000 Mann. Alfons Schäfer benennt Ulrichs Heer in der „Geschichte der Stadt Bretten“ mit 10.000 Mann aus eigenem Landesaufgebot, mit reichsstädtischen Kontingenten aus Kurmainz, Reutlingen und Schwäbisch Gmünd und 12.000 Söldnern. Davon waren 1.500 Reiter, 6.000 Bogenschützen. Unter den Söldnern war die „Welsche Garde“ mit 87 französischen Edelleuten mit 380 Pferden.

War Fleisch in der Quittenwurst? Wie dünn wird Bier nach dem zweiten Aufguss? Welche Mengen an Nahrungsmitteln waren notwendig, um einen Haushalt wie den von Martin Luther mit Familie, Gästen und Gesinde übers Jahr zu bringen? Viele Fragen über die Küche des Mittelalters beantwortet dieses Kochbuch – gelebte Geschichte vor historischem Hintergrund um das Jahr 1500, reich bebildert, mit 128 Rezepten aus Zeiten der Reformation: Backen, Eindicken, Trocknen, Fasten, Lagern, Suppen, Wurst, Schmalz, Rauch, Wildes aus dem Wald, Holunder, Hausfrauen- und Gesundheitskost sowie Luthers Hochzeits-Menü.

Hardcover, 200 Seiten,
über 192 Abbildungen
ISBN 978-3-881900-842-9
19,80 Euro

In 15 Textbeiträgen führt dieser reich bebilderte Band in die Zeit um 1500 – eine Epoche des Übergangs, in der die Grundlagen der modernen Welt gelegt wurden. Die frühe Neuzeit löste das Spätmittelalter ab, die Gotik endete mit dem Aufkommen der Renaissance. Umwälzende Veränderungen machten sich in Politik, Wirtschaft, Medizin, im Kriegswesen und nicht zuletzt im Denken und im Alltag der Menschen bemerkbar. Die Beiträge von Peter Bahn, Doris Frisch, Judith Fritz, Hermann Fülberth, Matthias Goll, Manfred Klöpfer, Frank Merkel, Heiko P. Wacker, Bernhard Wendel sowie Malte Zürn zeichnen diese Zeit sehr lesenswert nach.

Paperback, 200 Seiten,
über 250 Abbildungen
978-3-88190-936-5
19,80 Euro

Aus dem Mittelalter stammt das Sprichwort „Handwerk hat goldenen Boden“, das allerdings so weitergeht: „... sprach der Weber. Da schien ihm die Sonne in den leeren Brotbeutel.“ Der Spruch war auf die Armut vieler Handwerksmeister jener Zeit gemünzt. Von Flachsbauern und Spinnern, Steinmetzen und Scharfrichtern, Buchdruckern und Küfern, Seifensiedern und Bierbrauern, Kerzenziehern und Korbflechtern und manch anderen handwerklichen Tätigkeiten mehr erzählt dieses Buch der Handwerkergruppen in der Vereinigung Alt-Brettheim, über das Zunftwesen und die unterschiedlichsten Berufe und Tätigkeiten um 1500.

Paperback, 208 Seiten,
331 Abbildungen
978-3-96308-018-0
19,95 Euro

Die Zeit um 1504 war eine Phase des Umbruchs, auch in der Mode. Bislang war es schwierig, an Informationen zur Kleidung jener Zeit zu gelangen. Sowohl die Forschung als auch die „Living History“ ließen eine Lücke zwischen der zweiten Hälfte des 15. Jahrhunderts sowie der Zeit ab 1520. Sie schließt dieser Band. Er richtet sich nicht nur an alle, die zeitgenössische Quellen zum Nachnähen suchen, sondern bietet auch die neuesten wissenschaftlichen Erkenntnisse zur Geschichte der Kleidung am Ausgang des Spätmittelalters. Er beschreibt Kleidungsstücke für Männer, Frauen und Kinder um 1500 – samt Nähanleitung und Schnittmustern.

3. Auflage, Paperback, bebildert,
mit 5 Schnittmuster-Bögen
978-3-88190-957-0
24,99 Euro

Einmal im Jahr steht Bretten für vier Tage Kopf – zum Peter-und-Paul-Fest. Wen es erwischt, der ist an die gelebte Geschichte verloren – gewinnt damit allerdings jede Menge, wie dieser Bildband von Thomas Rebel beweist. Klein im Format (und damit ausgesprochen festtauglich) klotzt er mit über 250 Farbfotografien. Rebel begleitet das Fest bereits seit 2004 mit der Kamera. Für ein gutes Bild riskiert er es auch, unter Pferdehufe zu kommen oder von Waschweibern in den Brunnen gezogen zu werden. Auswirkungen des PuP-Virus? Eher stürmische Begeisterung für ein Spektakel, das jedes Jahr Zehntausende auf die Beine bringt und begeistert.

Paperback, 228 Seiten,
über 250 Fotos
978-3-88190-659-3
5,00 Euro

Ein Kraichgau-Krimi zu Peter und Paul: Bretten in der heißen Phase vor dem Fest: Für Pierre Reiling, den Spross einer Winzerfamilie aus Großvillars, Nachwuchsspieler der TSG Hoffenheim, scheint die Welt offenzustehen. Eine eher heikle Liebesgeschichte bindet ihn jedoch an Anina, „Braut" des Anführers einer Bande von Stuttgarter Schwerkriminellen. Als Anina bei Pierre Schutz sucht, beginnt eine Hetzjagd quer durch den Kraichgau und Stromberg. Fatalerweise wird das Peter-und-Paul-Fest zum Mittelpunkt des Showdowns. Johannes Hucke geleitet einmal mehr ebenso listenreich wie spannend und vergnüglich durch eine lebenspralle Region.

Paperback,
240 Seiten
978-3-88190-637-1
13,80 Euro